전미경 · 정영길 · 송문주
박봉선 · 김종분 · 김수연
조은옥 · 김명순 · 이경선

머리말

전미경

대한민국은 37개 OECD국가 중 고령화 속도가 가장 빠르다. 이제 우리는 머지않아 고령인구의 비율이 20%를 차지하는 초고령사회로 진입하는 단계에 있다. 이른바 실버산업의 시대가 도래하고있다. 하지만 우리의 실버서비스 산업현장은 서비스인력만 양산하여 배치하였지, 서비스현장에서 어떻게 프로그램을 운영해야 할 지에 대한 정보와 재료가 부족하여 단순 케어 서비스에 머물고 있는 실정이다. 사회복지 영역의 요양보호사 매칭서비스나 시니어돌봄, 통합형 재가복지서비스등 하드웨어에 해당하는 실버산업 분야는 많이 활성화되고 있으나, 여전히 많이 부족한 영역이 실버세대를 위한 여가활동 및 인지활동 서비스 등의 소프트웨어다.

'호모 헌드레드(Homo Hundred)'란 용어가 있다. 의료기술의 발달과 생활 수준의 향상은 100세 장수시대를 열어가고 있다. 필자는 노인복지와 문화산업경영 전공자로서 사회복지학부에서 치료레크리에이션 과목을 22년째 지도하고 있다. 20여 년 레크리에이션을 기본으로 하는 실버여가서비스 분야 전문가를 양성해온 경험과 인지과학의 이론을 바탕으로, 백세시대의 실버지도사를 위한 실전가이드라인을 구성해 보았다.

안전, 웃음, 음악 · 신체, 창의, 소통, 감정, 도구, 교구인지활동 8개의 주제를 큰 줄기로 주제마다 10주차 수업계획안을 만들었다. 현장에서 바로 쓸 수 있는 80가지의 활동, 70장의 인지학습지와 140장의 카드 활동을 한 권으로 엮었다. 요즘 우리의 실버세대를 특별히 '뉴 실버', '액티브 실버'라고 표현한다. 경제적 기반을 가지고 있으며, 문화 · 여가활동에 적극적인 참여를 원하고 삶의 질을 높여나가기 희망하는 새로운 실버세대가 '뉴실버세대'다. 이 새로운 실버세대에 적합한 문화 · 여가 활동 중심의 활동 지침서가 바로 이 책이다. 이 책을 통해 우리 모두 역동적인, 액티브한 삶을 추구하는 '뉴실버세대'를 리드할 수 있는 실버인지 활동지도사로 거듭날 수 있기를 희망한다.

송문주

다양한 기관에서 지도사를 위한 웃음치료 · 레크리에이션 · 실버체조 등 실버 관련 강의를 하면서 실질적인 지도서를 요구하는 강사님들에게 좋은 지침서가 되길 바라는 마음으로 시작하였습니다. 웃음으로 스트레스 및 불안을 줄이고 고통의 조절 능력을 강화시키고 면역력을 높여주며, 긍정적인 신체 변화를 촉진하고 부정적인 정서를 완화하여 삶의 질을 높이고 행복을 찾을 수 있도록 프로그램을 기획하였습니다. 매일 크게 15초를 웃으면 이틀을 더 산다고 합니다. 매일 15초씩 웃으며 스트레스도 날리고 건강한 노후와 행복한 삶을 만들어 갈 수 있도록 실버전문 강사님들의 든든한 지침서가 되길 바랍니다. 누구나 늙지만 멋지게 나이를 먹는다는 것은 쉽지 않습니다. 멋지게 나이 들어가는 나의 모습을 상상하며 오늘도 어르신들을 만나러 갑니다.

김명순

2000년도에 레크리에이션을 배워서 많은 봉사와 강의를 다니면서 어르신들의 신체적 구조와 마음을 소통하다 보니 운동이 꼭 필요하며 근력강화 운동을 해야하는 걸 알지만 생각보다 힘들고 어려워들 하셔서 레크리에이션을 접목하여 쉽게 접근할 수 있는 실버레크체조를 연구하게 되었습니다. 120세 시대인 현대사회에서 노인의 사회활동과 적응을 위해 신체적 · 정신적 기능을 유지하기 위해서는 지속적인 운동이 필요하다고 생각합니다. 노인세대에게 치매예방과 우울증 예방에 딱 맞는 실버레크체조로 노후를 더 건강하게 살 수 있도록 반영한 체조입니다. 신체에 무리가 가지 않는 운동 프로그램 및 음악과 함께할 수 있는 신체활동으로 구성하였습니다.

이경선

75세 정도가 되면 노화에 의해 뇌가 조금씩 위축됩니다. 평소 책을 읽고, 대화를 많이 나누며 새로운 경험을 하는 사람, 긍정적인 생각을 하며, 손을 활용한 다양한 경험 등 인지 습관을 가진 사람이 치매가 늦게 온다고 합니다. 어르신들과 하는 단순한 손유희 외에도 창의적인 만들기를 접목해서 하다 보니 신체활동과 인지활동의 협응력과 단체활동의 결속력 등에 많은 도움을 주고 있습니다. 지속적인 만들기 활동으로 요양원 등 노인시설에서도 높은 호응을 보이며 인기 있는 프로그램으로 자리매김하고 있습니다. 실버인지교육을 하면서 체계적이고 다양한 프로그램으로 이뤄진 교재가 없어 새로운 자료가 필요했던 분들에게 이 한 권의 교재가 안성맞춤이 될 것입니다.

김수연

"건강하고 행복한 삶을 위해 소통하며 삽시다."

건강하고 행복하게 늙어간다는 것은 참 어려운 문제인 것 같습니다. 전 사회적으로 소통의 중요성이 점점 커지고 있는 가운데, 소통을 잘 하기 위해 필요한 것이 무엇일까에 대한 논의가 넘쳐나고 있습니다. 하지만, 스포츠 지도를 하는 한 사람으로서 많은 어르신들과 운동하며 느낀 점은 건강한 것과 행복한 것은 다르다는 사실입니다. 운동을 통해 건강해지는 것은 분명하지만 행복한 노년은 또 다른 문제입니다. 몸과 마음의 행복은 주변과의 건강한 소통에서 오기 때문입니다. 복지관, 경로당, 평생교육원, 스포츠 센터 등에서 실버운동과 병행하면 좋을 소통을 통한 인지학습 결과물을 이제 많은 분들과 나누려고 합니다. 노년기에 누구나 겪게 되는 인지능력 쇠퇴와 10% 이상의 시니어에게 찾아오는 불청객 치매, 이로 인한 사회와의 불통을 극복할 수 있는 지혜가 필요합니다. 인지능력 저하와 치매를 슬기롭게 헤쳐 나가기 위한 방법들을 이곳에 담아보았습니다. 부디 많은 시니어 프로그램 지도사

여러분들께 이 책이 도움이 되길 바라며, 누구에게나 찾아오는 노년기의 어려움을 극복하여 건강하고 행복한 내일을 준비하시길 희망합니다.

김종분

우리나라가 초고령사회로 치닫고 있는 때에 노인에게 가장 절실하게 필요한 것은 건강이며 그중에서도 치매에 걸리지 않는 것이라고 합니다. 노인들의 상당수가 정서적인 소외감이나 외로움에 시달리는 경우가 많으므로 이를 염두에 두고 활동을 진행해야 하며, 우울증이나 스트레스로 인한 질병을 예방하고 어르신들이 좀 더 밝고 긍정적인 마음을 가질 수 있도록 준비하였습니다. 강사로서 수업에 필요한 지침서 같은 자료에 대한 필요성을 절실하게 느끼고 있던 중에 함께 그런 고민을 하고 있는 강사들과 머리를 맞대고 1년여의 시간과 정성을 들여 이 책을 만들게 되었습니다.

조은옥

시립무용단 차석단원을 뒤로하고 운동역학 박사과정을 공부할 당시는 한국무용을 알리는 발판으로 삼고자 하였으나, 경력단절 여성일자리 강의를 시작하면서 노인인지 및 운동에 관심을 갖게 되었습니다. 전 세계적인 고령화 추세에 따라 선진국에서는 노인들을 위한 다양한 사회적 프로그램 등을 개발하고 있지만, 아직까지 우리나라에서는 이에 대한 인식과 준비가 부족한 것이 사실입니다. 우리 모두 중요성을 인정하고 적극적으로 대책을 마련하여 노년이 되어서도 더욱 건강하고 활기찬 삶을 영위할 수 있는 미래지향적인 준비가 절실한 시점입니다. 오랜 시간 강의를 진행하면서 관련 자료에 한계를 느껴 이 책을 집필하게 되었습니다. 저를 비롯한 관련 직업종사자들에게 조금이나마 도움이 되었으면 합니다.

박봉선

치매인구의 지속적 증가세와 이에 따른 환자 자신의 개인적인 피폐나 사회적 부담의 경감을 위해 치매케어와 예방을 위한 인지학습에 대한 관심이 높아지고 있습니다. 필자는 주간보호센터, 치매안심센터, 경로당 등 현장의 다양한 시니어 관련 기관에서 다년간 인지수업 경험을 살려 어르신들이 좋아하시고 즐겁게 참여할 수 있는 놀이를 재구성하여 수업계획안을 만들었습니다. 구체적으로 손 운동, 손 놀이, 치매예방 체조 등 학습자의 동기유발을 통해 적극적으로 수업에 참여할 수 있는 구성을 채택하였습니다. 현장에서 재미있게 참여하는 놀이 형태의 '인지수업 계획안'은 인지 강의를 준비하거나 하고 계시는 모든 분들에게 유용한 지침서가 될 수 있을 것이며, 여러분의 인지교육이 한 단계 더 도약할 수 있는 계기가 될 것으로 믿습니다.

CONTENTS

3장
음악 · 신체 인지

4장
창의인지

5장
소통카드 인지

6장
감정카드 인지

7장
도구 인지

8장
교구 인지

치매의 이해

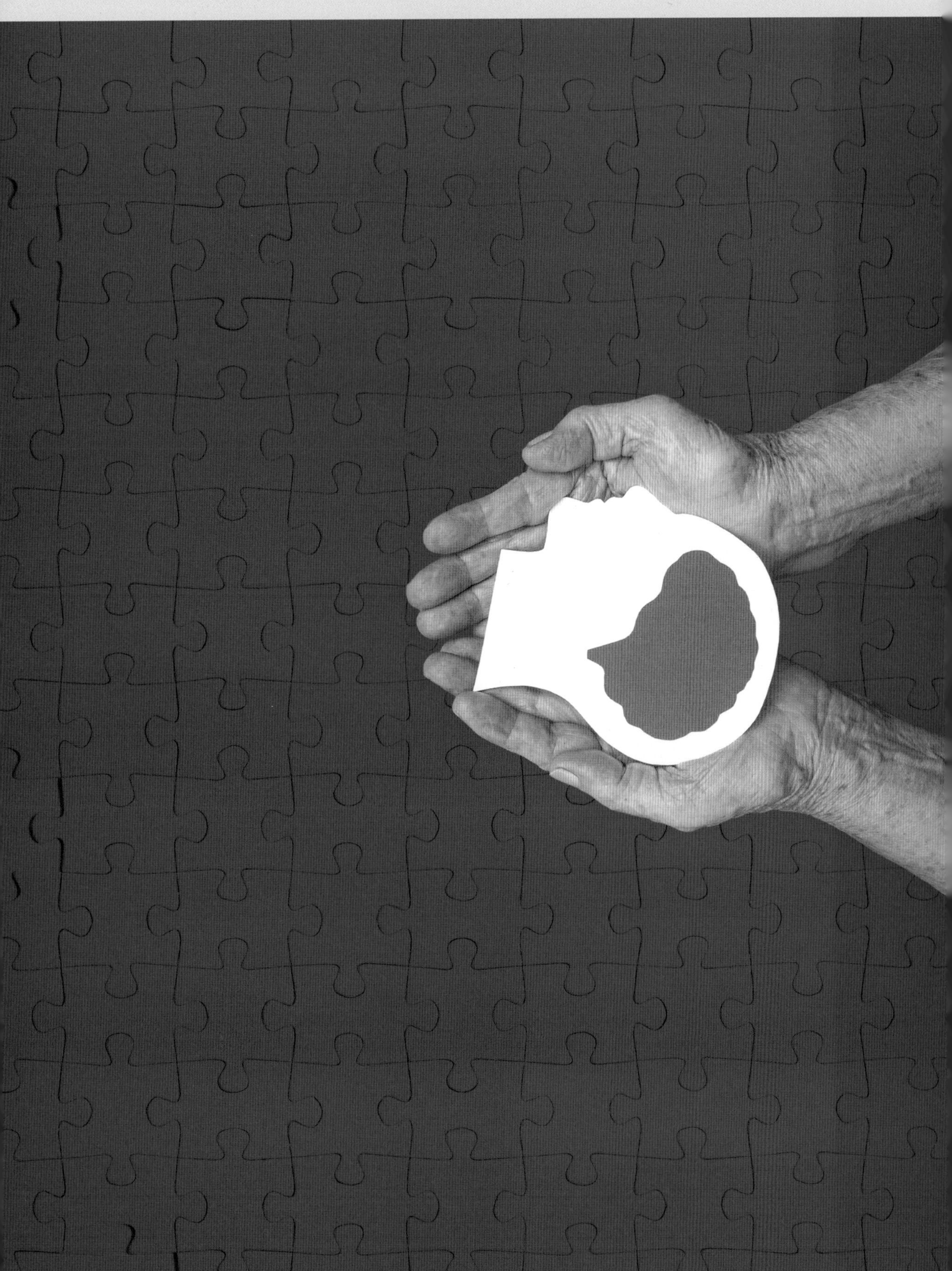

치매의 이해

인간은 누구나 출생해서 성장하고, 노화 과정을 거쳐 사망에 이르게 되는 **생로병사**(生老病死)**의 과정을 예외 없이** 거치게 됩니다. 생로병사의 과정에서 어떤 사람은 정상적인 노화 과정을 거치기도 하고, 또 어떤 사람은 질병을 얻기도 합니다. 인체의 많은 부분이 나이가 들어감에 따라 그 기능이 저하되듯 사람의 **뇌도 마찬가지로 나이가 들어감에 따라 뇌의 각종 기능이 떨어지게** 됩니다. 특별히 병에 걸리지 않은 정상 노화 과정에서도 많은 사람들은 일정 정도 뇌의 **인지장애**(cognitive impairment)를 겪게 됩니다.

뇌가 병에 걸리는 경우는 훨씬 심각합니다. 초기에 경도인지장애로 시작하여 알츠하이머성 치매로 발전하는 경우 인지장애는 매우 심각하며, 불행히도 아직까지 의학적으로 치료가 어려운 불가역적(不可逆賊) 질병입니다. 더욱이 치매는 환자 자신뿐만 아니라 가족과 주변에 큰 어려움을 안겨 줄 수 있다는 걱정 **때문에 많은 사람들이 나이가 들어가며 가장 걱정하는 질병** 중 하나입니다. 이런 이유로 최근 잘 늙어가고, 편안한 죽음을 맞이할 수 있는 것은 잘 사는 것만큼 중요한 문제라고 생각하는 사람들이 많이 늘어나고 있습니다.

그렇다면 어떻게 해야 인지장애 또는 치매를 최대한 예방하거나 늦출 수 있을까요? 이러한 질문에 대해 주로 신경과 의사들로 구성된 **대한치매학회에서는 '진인사대천명고'를 제안**하고 있습니다. '진인사대천명고'는 다음과 같습니다.

'진'땀나게 운동하고
'인'정사정없이 담배를 끊고
'사'회활동하고
'대'뇌활동을 적극적으로 하고
'천'박하게 술 마시지 말고
'명'을 연장하는 식사를 하며
'고'혈압, 고혈당, 고지혈증 조절하자

인지장애와 치매예방을 위해 개인이 할 수 있는 내용을 아주 간략하게 잘 정리하였습니다. 이중 다른 것은 쉽게 이해할 수 있는데 **'대뇌활동을 적극적으로 한다'**는 내용에 대해서 "실제 일상에서 무엇을 어떻게 해야 하는가"라는 질문을 자주 받게 됩니다. 대뇌활동을 적극적으로 한다는 것은 신경해부학적으로 대뇌, 특히 **대뇌피질의 활동량을 인위적으로 늘리는 것을 의미합니다.** 즉 뇌의 여러 가지 기능인 **기억력, 계산능력, 언어능력, 시지각력, 주의집중력, 시공간능력, 문제해결능력** 같은 기능을 집중적으로 사용하는 활동, **즉 인지훈련을 강화하는 일입니다.**

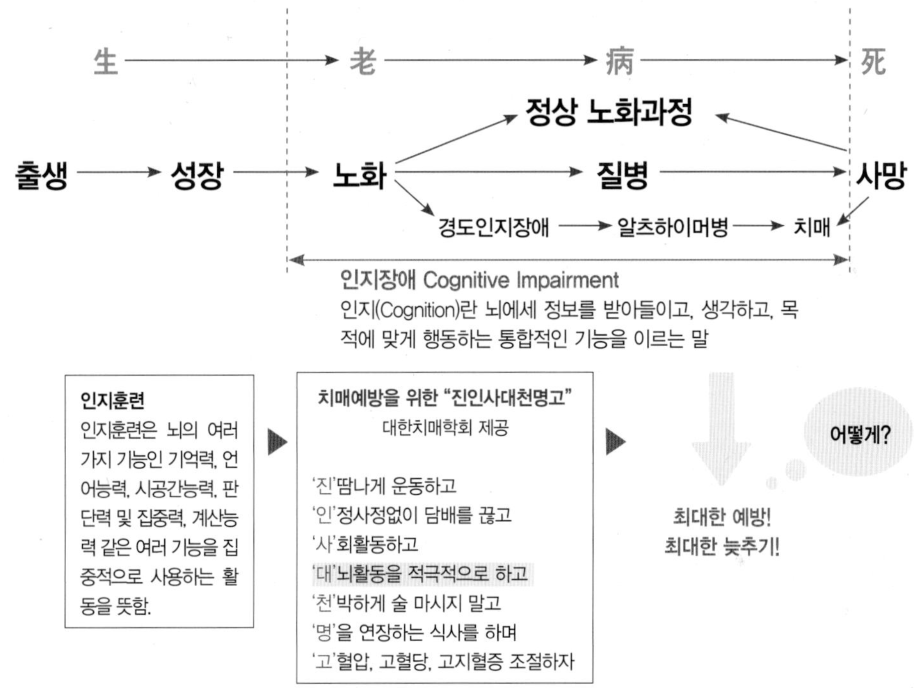

무게가 약 1,300~1,400g 정도 되는 사람의 뇌는 감각정보를 받아들이고 이를 통합하여 운동으로 내보내는 기관으로 감각, 생각 및 판단, 운동 등을 통합 조정하는 매우 중요한 기관입니다. 뇌에는 약 1,000억 개 이상의 신경세포(뉴런, neuron)와, 신경세포는 아니지만 뇌를 구성하는 4종류의 세포(신경교세포, neuroglia)가 밀집되어 있습니다. 이 중 신경세포(뉴런)가 주로 신체활동과 정신활동을 담당하며, 신경교세포는 신경세포를 주변에서 돕는 역할을 합니다.

이렇게 중요한 역할을 담당하는 신경세포(뉴런)는 몸통과 돌기로 이루어져 있는데, 신경세포(뉴런)의 몸통은 주로 뇌의 겉껍질 부분에 모여 있고, 신경세포(뉴런)의 몸통이 모여 있는 곳을 잘라서 보면 회색으로 보입니다. 따라서 겉껍질 부분을 피질(cortex)이라고 부르고, 회색으로 나타나므로 회색질(grey matter)이라고도 합니다.

신경세포의 몸통에서는 돌기가 뻗어 나와 다른 신경세포와 서로 연결되어 정보를 주고받는데, 이 돌기들은 지방(lipoprotein)으로 둘러싸여 있어 백색으로 보이므로 백색질(white matter)이라고 부르고 뇌의 안쪽 부분을 이룹니다.

이러한 대뇌피질 부분은 뇌의 고랑에 의해 다음과 같이 5개 부분으로 나누게 됩니다.

- **전두엽**(Frontal lobe): 전두엽은 이마 부분으로 뇌의 앞부분인 피질부위 입니다. 전두엽은 **일을 계획하고, 실행하며, 너무 과하지 않도록 적절히 제동을 거는 역할**을 합니다. 일에 대한 동기, 의욕, 활력 및 일의 순서와 방법, 상황에 대한 판단력, 융통성을 담당하고, 한편으로는 자제력과 충동을 조절하는 역할을 담당하기도 하는, 사고와 행동 조절의 중추입니다.
- **두정엽**(Parietal lobe): 두정엽은 머리의 꼭대기 부분을 이루는 대뇌피질의 부위로 **감각통합과 공간인식**을 담당합니다. 옷을 입을 때 팔을 어떻게 넣어야 하는지, 낯선 곳에서 방향을 파악하거나, 시곗바늘을 보고 시간을 알아보는 능력 등 모두 두정엽의 공간인식 기능(특히 오른쪽 두정엽)과 관계가 있습니다. 알츠하이머병에 걸리면 두정엽 기능이 초기부터 저하되어 옷 입는 동작을 어려워하는 등의 증상이 나타나는 것으로 알려져 있습니다.
- **측두엽**(Temporal lobe): 측두엽은 옆쪽 측면, 즉 관자놀이 부위에 위치한 대뇌피질의 부위로 **언어능력, 기억력, 학습능력** 등을 담당하는 부위입니다. 알츠하이머병에 의한 치매환자의 경우 측두엽 부위의 신경세포가 급속히 감소하게 되는데, 이는 치매 발생 시 나타나는 기억력이 감퇴하고 언어 표현과 이해 능력이 점차 떨어져 가게 되는 주요 증상의 원인과 관계가 깊다고 할 수 있습니다.
- **후두엽**(Occipital lobe): 머리의 뒤통수 부분에 있는 대뇌피질 부위를 말하며, 이 부분은 주로 **시각정보를 분석하고, 내용을 파악하며 통합하는 기능**을 담당하고 있습니다. 실제 사물을 보는 것은 눈의 역할이지만, 본 것을 해석하는 부분은 후두엽의 몫입니다. 사물을 보면서 주변의 물건들을 파악하는 것은 이 후두엽 피질의 기능이 온전하기 때문입니다. 후두엽 피질이 손상되면 눈으로는 정확히 보더라도 자신이 본 것이 무엇인지를 정확히 해석하지 못할 수도 있는 것입니다.
- **변연계와 해마**(Limbic system & Hippocampus, 측두엽 내측): 측두엽 내측에 자리 잡고 있어 측

두고랑을 들춰야 보이는 부분입니다. 가장자리를 의미하는 변연계는 대뇌피질과 시상하부 사이로 주로 **감정, 행동, 욕망 등의 조절에 관여하며, 특히 기억에 중요한 역할**을 합니다. 이중 바다의 해마처럼 생긴 **해마 부위**는 알츠하이머병에 의해 점진적으로 위축이 진행되는데, 이에 따라 환자는 질병 초기에 최근 기억의 장애가 발생한다고 알려져 있습니다.

기억력	정보를 받아들이고, 저장해 두며, 저장된 정보를 일정 기간 유지하고, 필요한 정보를 다시 꺼내어 회상해 낼 수 있는 능력
계산능력	수의 크기를 비교하거나, 주어진 연산 규칙에 따라 처리하여 값을 구하는 능력
언어능력	자신의 생각이나 느낌을 나타내거나 전달하기 위하여 사용하는 음성, 문자, 몸짓 등의 수단인 언어를 사용할 수 있는 능력
시지각력	망막을 통해 수용된 자극을 정상적으로 인지하고, 외부 시각자극을 선행된 경험 및 기억과 연계하여 인식하고 해석하는 뇌의 활동
주의집중력	주위의 자극에도 집중할 수 있는 능력으로, 주위환경과 감각으로부터 얻어진 정보로 의사결정을 돕는 능동적이고 중요한 과정
시공간능력	현재 자신의 위치와 장소, 자신과 타인의 이름, 년월일 또는 시간 등을 파악하고, 인지하는 지각능력
문제해결능력	특정한 상황에 대해 상식적이고 효율적인 올바른 대처 방법을 찾아내고, 상황에 적용하는 능력

많은 연구자들의 연구에 따르면, **인간의 뇌는 가소성(Plasticity)을 가지고 있어** 뇌의 어떤 영역이 손상된다 하더라도 주변 영역의 기능을 강화해서 손상된 기능을 일정부분 보완하게 할 수 있도록 되어 있다고 보고하였습니다. 이를 위하여 **특정한 활동을 지속적으로 반복학습하게 되면 뇌의 보상적 변화가 가능**하다는 것입니다. 따라서 **인지장애가 이미 시작되었다 하더라도 학습에 의해 일정부분 뇌의 기능을 보상, 보완**할 수 있다고 믿고 있습니다.

인지장애와 치매를 최대한 예방하고, 최대한 늦추기 위해 대뇌활동을 강화하려면 **기억력, 계산능력, 언어능력, 시지각력, 주의집중력, 시공간능력, 문제해결능력**과 관련된 인지능력을 훈련을 통하여 유지, 강화하는 것이 매우 효과적이라 할 것입니다. 이러한 훈련을 통해 많은 분들이 오랫동안 아름다운 기억을 잃지 않고 뇌가 건강하게 나이 들어가는 행복한 삶을 영위하시길 바랍니다.

1장
안전인지

목표

빠른 속도로 초고령사회로 진입하고 있는 시점에 노인의 안전생활의 중요성이 매우 높아지고 있다. 노인의 안전인지 교육을 통해 일상생활에서 안전에 필요한 지식을 이해하고 생활 속 위험을 예측하여 안전하게 행동할 수 있다.

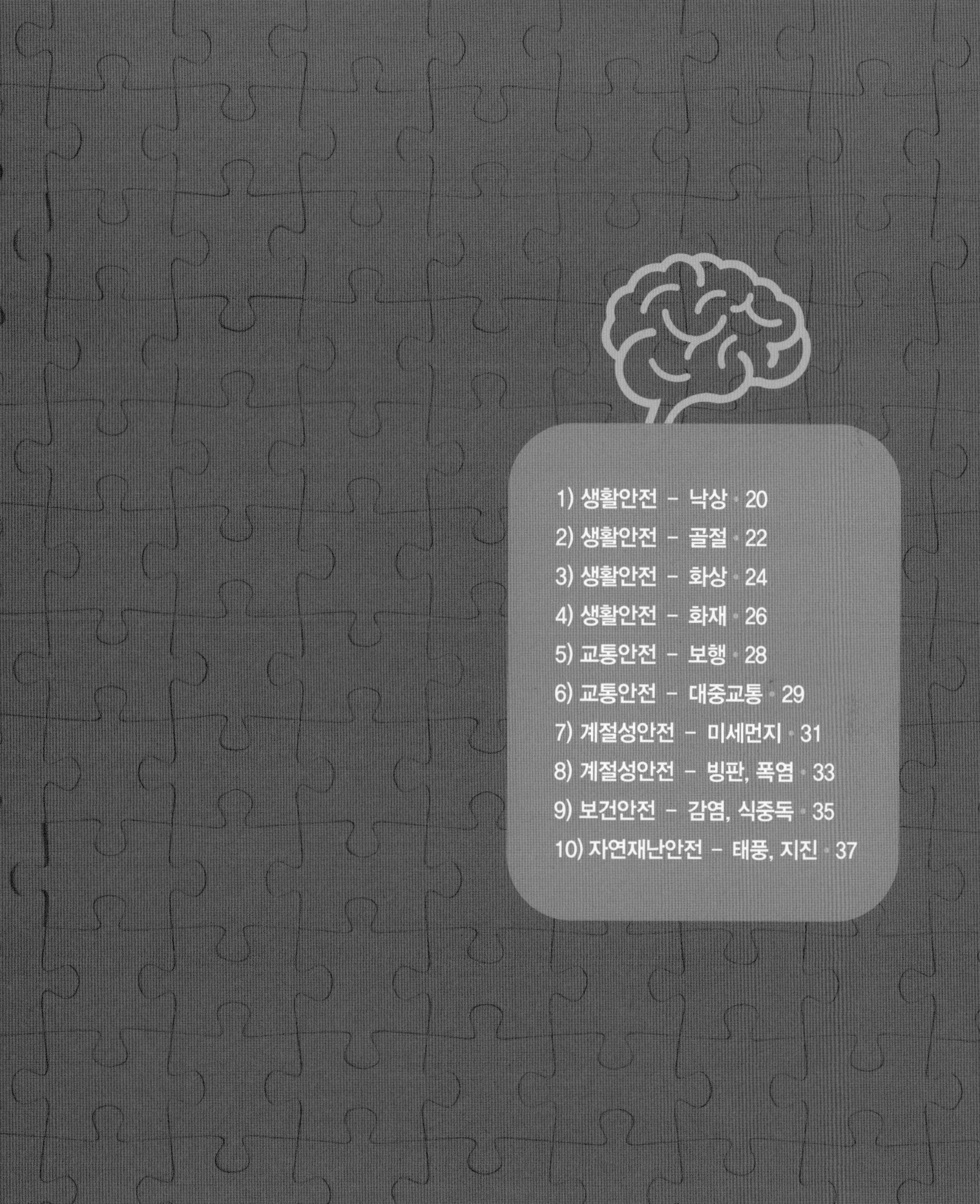

1장 안전인지

1-01 안전인지

1차시 생활안전 – 낙상

학습 목표
1. 생활속의 낙상예방법을 숙지한다.
2. 인지 활동으로 낙상 안전 행동 수칙을 생활화 한다.

단계	내용	시간
도입	■ 인사 나누기 – 조심 조심 또 조심! 넘어지면 큰일 조심하면 예방할 수 있습니다! 우리가 알고 있지만 실천하지 않아서 발생하는 안전사고 우리 모두 조심하면 예방할 수 있습니다! ♬우리모두 다 같이 인사해 "안전" ■ 뇌건강 체조 (3페이지 QR코드 참고)	15′
전개	■ 활동준비 – 낙상 예방 10가지 실천하기 – 종이컵 볼링하기 ■ 활동지도 – 낙상 예방 10가지 실천하기 ① 낙상방지 시설 설치하기 ② 이동 시 조심, 또 조심 여유 갖기 ③ 조명은 밝게 하기 ④ 규칙적인 운동으로 뼈와 근육 강화하기 ⑤ 움직일 때는 천천히 조심하기 ⑥ 과음, 흡연하지 않기 ⑦ 앉고 일어날 때는 천천히 움직이기 ⑧ 겨울철 외출 시 장갑 착용하기 ⑨ 화장실 물기 제거하기 ⑩ 미끄럼방지 신발 신기	30′

전개	– 종이컵 전달하기 ① 낙상 예방 10가지 종이컵과 일반 종이컵 5개를 준비한다. ② 원으로 앉은 다음 종이컵 15개를 골고루 나눠준다. ③ 노래를 부르며 종이컵을 옆으로 전달한다. ④ 노래 중간에 지도사가 '잠깐'을 외치고, 참가자는 종이컵을 들어 안쪽의 실천하기를 읽어본다. ⑤ 10번의 반복 활동으로 모두 실천하기를 약속한다. – 종이컵 볼링하기 ① 종이컵을 첫째줄 4개, 둘째줄 3개, 셋째줄 2개, 넷째줄 1개 탑을 쌓는다. ② 정해진 거리에서 공을 굴려 넘겨 뜨린다. ③ 남은 종이컵을 들어 읽어본다. ④ 많이 넘긴 팀에게 '안전지킴이' 라고 칭찬해 준다.	30′
마무리	■ **규칙박수** – 박수 2번 시작 "낙상" / 박수 4번 시작 "조심조심" ■ **마음체조** (3페이지 QR코드 참고) ■ **마무리 인사 후 정리**	15′
준비물	낙상예방 종이컵	

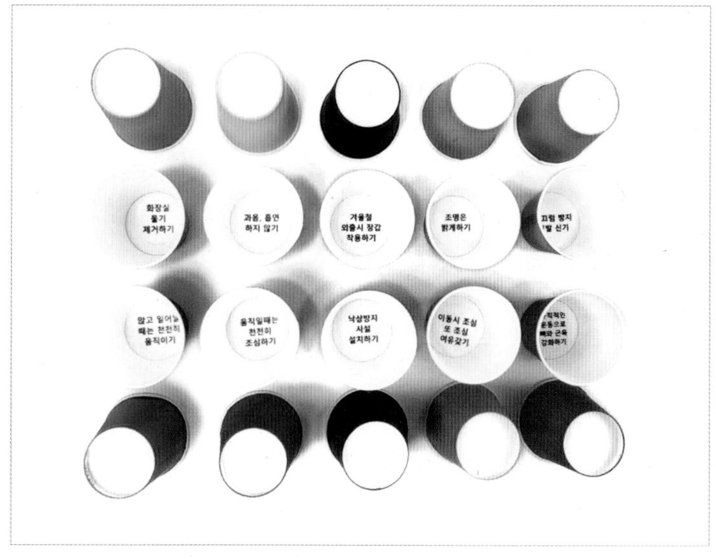

1-02 안전인지

2차시 생활안전 – 골절

학습 목표
1. 골절사고 예방을 위한 5가지 수칙을 인지한다.
2. 인지 활동으로 골절사고 안전 행동을 생활화 한다.

단계	내용	시간
도입	■ 인사 나누기 – 조심조심 또 조심! 골절사고 조심하면 예방할 수 있습니다! 모두가 알고 있지만 실천하지 않아서 발생하는 안전사고 우리 모두 조심하면 예방할 수 있습니다! ♬우리모두 다 같이 인사해 "안전" ■ 뇌건강 체조 (3페이지 QR코드 참고)	15′
전개	■ 활동 준비 – 골절사고 예방을 위한 5가지 실천 약속하기 – 여덟 글자 박수치기 ■ 활동지도 – 골절사고 예방을 위한 5가지 실천 약속하기 ① 운동을 생활화하기 ② 주기적으로 건강검진하기 ③ 안전 수칙 잘 지키기 ④ 규칙적인 생활하기 ⑤ 건강한 식습관 유지하기 – 여덟 글자 박수치기(조심하면 골절 예방!!) ① 조 👏 심 👏 하 👏 면 👏 골 👏 절 👏 예 👏 방 👏 ② 조심 👏👏 하면 👏👏 골절 👏👏 예방 👏👏 ③ 조심하면 👏👏👏👏 골절예방 👏👏👏👏 ④ 조심하면 골절예방 👏👏👏👏👏👏👏👏 – 낙상골절예방 운동 따라하기 ① 그림과 같이 의자에 앉은 상태에서 한쪽 다리를 쭉 뻗은 후 발목을 앞으로 밀고 몸쪽으로 당기는 동작을 20회씩 3회 양발을 번갈아 실시한다.	30′

전개	② 그림과 같이 의자에 앉은 상태에서 무릎 안쪽을 잡고 폈다 접었다 동작을 20회씩 3회 양발을 번갈아 실시한다. ③ 그림과 같이 위자뒤에 서서 발뒤꿈치를 올렸다 내렸다 20회씩 3회 실시한다. ④ 그림과 같이 의자를 잡고 한쪽발을 올리고 몸은 앞으로 숙인다. 20회씩 3회 실시한다.	30′
마무리	■ 규칙박수 – 박수 2번 시작 “골절” / 박수 4번 시작 “조심조심” ■ 마음체조 (3페이지 QR코드 참고) ■ 마무리 인사 후 정리	15′
준비물		

낙상골절예방 운동 따라하기(1-02)

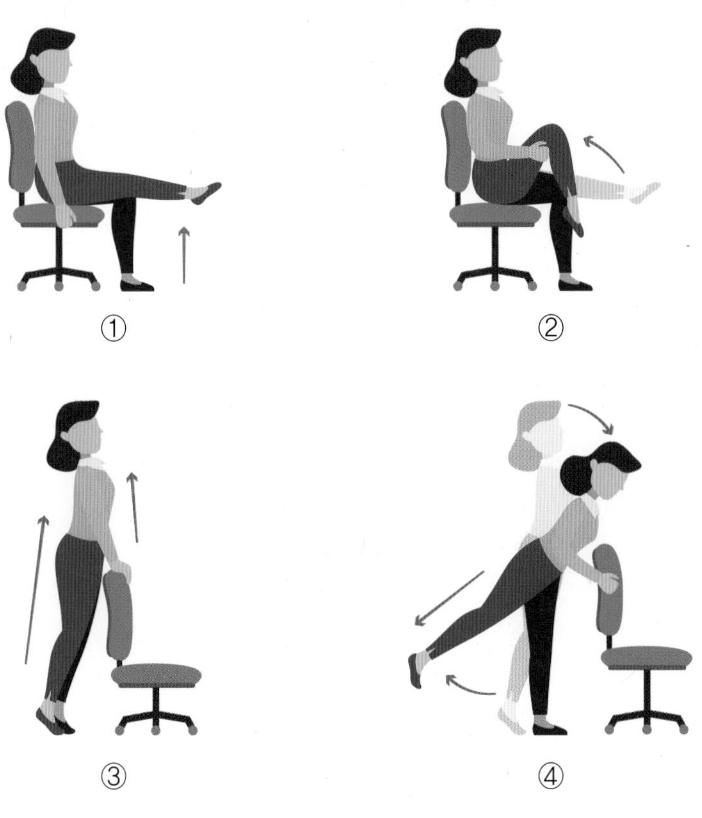

1-03 안전인지

3차시 생활안전 – 화상

학습 목표
1. 화상 사고 대처 행동강령을 숙지한다.
2. 인지 활동으로 화상 사고 안전 행동을 생활화 한다.

단계	내용	시간
도입	■ 인사 나누기 – 조심조심 또 조심! 화상사고 조심하면 예방할 수 있습니다! 모두가 알고 있지만 실천하지 않아서 발생하는 안전사고 우리 모두 조심하면 예방할 수 있습니다! ♬우리모두 다 같이 인사해 “안전” ■ 뇌건강 체조 (3페이지 QR코드 참고)	15′
전개	■ 활동준비 – 화상 사고 대처 행동 실천하기 – 화상 예방 율동 ■ 활동지도 – 화상 사고 대처 행동 실천하기 ① 사고 발생 시 119에 전화하기 ② 옷은 가위로 잘라 조심스럽게 벗기기 ③ 환부를 흐르는 찬물에 15~30분 정도 식히기 ④ 전기 화상의 경우 전기 스위치 내리기 ⑤ 화상 부위를 함부로 만지지 않기 ⑥ 감자, 된장, 치약, 소주 등 민간요법 금지 ⑦ 물집 터뜨리지 않고 화상 전문 병원 진료받기 – 화상 예방 손유희 ♪ 할아버지 별과 할머니 별이 경로당에서 만났어요 ♪ 커피 마실까? / 뜨거운 물은 조심조심!! ♪ 놀러 나갈까? / 뜨거운 햇빛 조심조심!! ♪ 전기코드 뺄까? / 물 묻은 손은 안 돼 안 돼!! ♪ 전기장판 켤까? / 오래 앉는 건 안 돼 안 돼!! 그럼 우리 모두 조심조심 또 조심	30′

전개	−○ × 퀴즈 문1) 화상시에 옷은 소중하니까 조심조심 벗는다. 답)× (가위로 자른다) 문2) 환부는 흐르는 찬물에 15~30분 정도 식힌다. 답)○ 문3) 급할때는 감자, 된장, 치약, 소주 등 민간요법을 실시한다. ② 답)× (민간요법 금지, 흐르는 찬물에 열을 식힌 후 병원에서 치료를 한다)	30′
마무리	■ 규칙박수 –박수 2번 시작 “화상” / 박수 4번 시작 “조심조심” ■ 마음체조 (3페이지 QR코드 참고) ■ 마무리 인사 후 정리	15′
준비물		

1-04 안전인지

4차시 생활안전 – 화재

학습 목표	1. 화재사고 시 대처요령을 숙지한다. 2. 인지 활동을 통해 화재사고 시 안전 행동을 생활화 한다.

단계	내용	시간
도입	■ 인사 나누기 – 조심 조심 또 조심! 화재 조심하면 예방할 수 있습니다! 모두가 알고 있지만 실천하지 않아서 발생하는 안전사고 우리 모두 조심하면 예방할 수 있습니다! ♬우리모두 다 같이 인사해 "안전" ■ 뇌건강 손유희 (3페이지 QR코드 참고)	15′
전개	■ 활동준비 – 화재사고 대처요령 – 소화기 박수 – 종이컵 119만들기 ■ 활동지도 – 화재사고 예방하기 ① 안 쓰는 전기 콘센트는 빼놓는다. ② 하나의 콘센트에 여러 개의 전기기구를 사용하지 않는다. ③ 가스는 사용 후 중간밸브를 잠근다. ④ 집에 소화기를 비치하고 소화기 사용방법을 숙지한다. – 화재사고 대처요령 ① 큰소리로 "불이야!" 외친다 ② 119에 신고하고, 화재경보를 울린다. ③ 젖은 수건으로 코와 입을 가린다. ④ 엘리베이터는 피하고 비상계단을 통해 대피한다. – 소화기 박수 구호준비 불이야!! 119 ① 안전핀을 뽑고 짝짝짝짝 ② 노즐을 세우고 짝짝짝짝 ③ 손잡이를 누르고 짝짝짝짝	30′

전개	④ 불을 끈다 짝짝짝짝 – 종이컵 119만들기 ① 조를 나눈다. ② 1조는 불을 꾸민다. ③ 2조는 119를 꾸민다. ④ 3조는 담벼락을 꾸민다. ⑤ 4조는 안전존을 꾸민다.	30′
마무리	■ 규칙박수 – 박수 2번 시작 "화재" / 박수 4번 시작 "조심조심" ■ 마음체조 (3페이지 QR코드 참고) ■ 마무리 인사 후 정리	15′
준비물	종이컵	

119 만들기

불 만들기

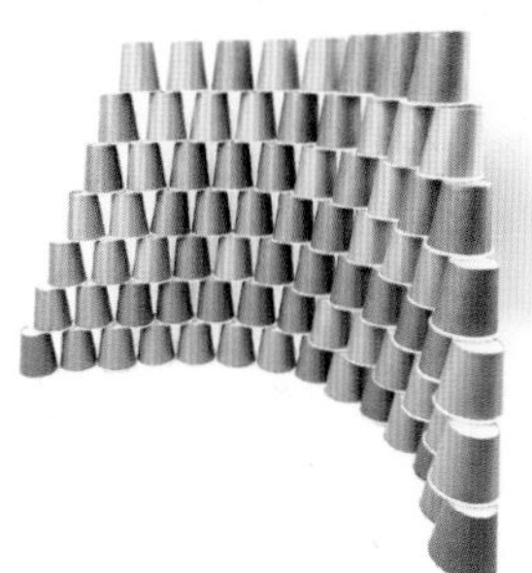

담벼락 만들기

안전존 만들기

1-05 안전인지

5차시 교통안전 – 보행

학습 목표
1. 보행 중 교통사고 예방수칙을 숙지한다.
2. 인지 활동으로 6가지 보행 중 교통사고 안전 행동을 생활화 한다.

단계	내용	시간
도입	■ 인사 나누기 – **조심 조심 또 조심!** 보행안전 조심하면 예방할 수 있습니다! 모두가 알고 있지만 실천하지 않아서 발생하는 안전사고 우리 모두 조심하면 예방할 수 있습니다! ♬우리모두 다 같이 인사해 "안전" ■ **뇌건강 체조** (3페이지 QR코드 참고)	15′
전개	■ **활동준비** – 보행 중 교통사고 예방하기 – 서자/보자/걷자 (접시 신호등) ■ **활동지도** – 보행 중 교통사고 예방하기 ① 무단횡단하지 않기 ② 횡단보도를 건널 때는 초록 불인지, 차가 멈춰 있는지 확인하기 ③ 보행 시에는 좌우를 살피며 걷기 ④ 어두울 때는 밝은 옷 입기 ⑤ 비가 올 때는 투명 우산 사용하기 ⑥ 걸을 때는 인도 안쪽으로 걷기 – 서자/보자/걷자 (접시 신호등) ① 서자 서자 짝짝(빨간불) ② 보자 보자 짝짝(좌우살피기) ③ 걷자 걷자 짝짝(초록불) ④ 서자 짝 보자 짝 걷자 짝 ⑤ 서자 보자 걷자 짝짝	30′

마무리	■ 규칙박수 – 박수 2번 시작 “보행” / 박수 4번 시작 “조심조심” ■ 마음체조 (3페이지 QR코드 참고) ■ 마무리 인사 후 정리	15′
준비물	접시 신호등	

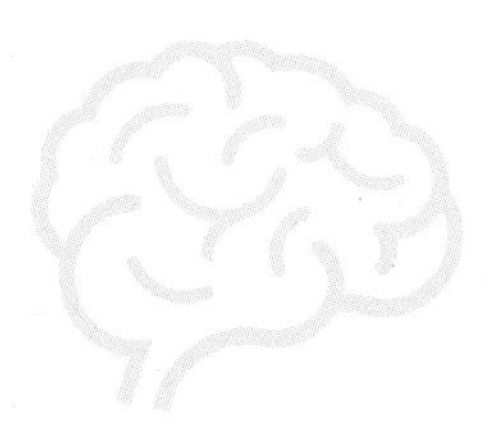

1-06 안전인지

6차시 교통안전 – 대중교통

학습 목표
1. 대중교통 이용 시 주의사항을 숙지한다.
2. 인지 활동으로 대중교통 안전 행동을 생활화 한다.

단계	내용	시간
도입	■ 인사 나누기 – 조심 조심 또 조심! 대중교통 조심하면 예방할 수 있습니다! 모두가 알고 있지만 실천하지 않아서 발생하는 안전사고 우리 모두 조심하면 예방할 수 있습니다! ♬우리모두 다 같이 인사해 “안전” ■ 뇌건강 체조 (3페이지 QR코드 참고)	15′
전개	■ 활동준비 – 대중교통 이용 시 주의하기 – 대중교통 예방노래 부르기 ■ 활동지도 – 대중교통 이용 시 주의하기 ① 차가 완전히 멈춘 뒤 움직이기 ② 대중교통 승 · 하차 시 여유 갖기 ③ 지하철 에스컬레이터에선 손잡이 잡고 한눈팔지 않기 ④ 차도나 지하철 선로에서 떨어져 기다리기 – 대중교통 예방노래 부르기 ♪ 노래: 인디언송 ♪ 한걸음 두걸음 세걸음 천천히 ♪ 네걸음 다섯걸음 여섯걸음 앉아요 ♪ 일곱걸음 여덟걸음 아홉걸음 천천히 ♪ 열걸음 내려요	30′
마무리	■ 규칙박수 – 박수 4번 시작 “대중교통” / 박수 2번 시작 “조심” ■ 마음체조 (3페이지 QR코드 참고) ■ 마무리 인사 후 정리	15′
준비물		

1-07 안전인지

7차시 계절성안전–미세먼지

학습 목표
1. 미세먼지 대응요령 방법을 숙지한다.
2. 인지 활동으로 미세먼지 7가지 대응요령을 생활화 한다.

단계	내용	시간
도입	■ 인사 나누기 – 조심 조심 또 조심! 미세먼지 조심하면 예방할 수 있습니다! 모두가 알고 있지만 실천하지 않아서 발생하는 안전사고 우리 모두 조심하면 예방할 수 있습니다! ♬우리모두 다 같이 인사해 “안전” ■ 뇌건강 손유희 (3페이지 QR코드 참고)	15′
전개	■ 활동준비 – 미세먼지 7가지 대응요령 – 올바른 마스크 착용 – 손씻기 6단계 ■ 활동지도 – 미세먼지 7가지 대응요령 외출은 가급적 자제하기 ① 외출 시 보건용 마스크 착용하기 ② 외출 시 대기오염이 심한 곳은 피하고 활동량 줄이기 ③ 외출 후 깨끗이 씻기 ④ 물과 비타민C가 풍부한 과일 · 야채 섭취하기 ⑤ 환기, 실내 물청소 등 실내 공기질 관리하기 ⑥ 대기오염 유발행위 자제하기 – 올바른 마스크 착용 및 손씻기 6단계 ① 잘못된 마스크 착용은 코가 노출되는 마스크 착용, 턱에 걸치는 마스크 착용, 마스크 겉면을 만지는 행위는 안 돼요!! ② 올바른 마스크 착용은 KF94 마스크 착용하기, 입과 코를 완전히 가리고 착용, 마스크 착용 전후 깨끗이 손 소독하기	30′

전개	– 손씻기 6단계 ① 손바닥 ⇒ ② 손등 ⇒ ③ 손가락 사이 ⇒ ④ 두 손 모아 ⇒ ⑤ 엄지 손가락 ⇒ ⑥ 손톱 밑 ♪ 뽀득뽀득송 손씻기 6단계 손유희 율동(산토끼) 양손을 거품으로 뽀득뽀득 닦아요 손등도 깨끗하게 뽀득뽀득 닦아요 양손을 깍지껴서 거품으로 뽀득뽀득 양손을 마주잡고 깨끗하게 뽀득뽀득 엄지도 거품으로 뽀득뽀득 닦아요 손톱밑도 깨끗하게 뽀득뽀득 닦아요	30′
마무리	■ **규칙박수** – 박수 4번 시작 "미세먼지" / 박수 2번 시작 "조심" ■ **마음체조** (3페이지 QR코드 참고) ■ **마무리 인사 후 정리**	15′
준비물		

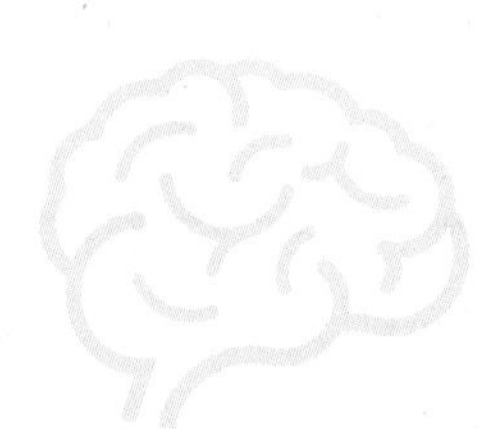

1-08 안전인지

8차시 계절성안전 - 빙판, 폭염

학습 목표
1. 빙판, 폭염 예방 수칙을 숙지한다.
2. 인지 활동을 통해 빙판, 폭염 사고를 예방하고, 안전 행동을 생활화 한다.

단계	내용	시간
도입	■ 인사 나누기 – 조심 조심 또 조심! 빙판, 폭염 조심하면 예방할 수 있습니다! 모두가 알고 있지만 실천하지 않아서 발생하는 안전사고 우리 모두 조심하면 예방할 수 있습니다! ♬우리모두 다 같이 인사해 "안전" ■ 뇌건강 손유희 (3페이지 QR코드 참고)	15′
전개	■ 활동준비 – 빙판길 골절 예방하기 – 폭염 예방하기 – 빙판 · 폭염 예방구호 ■ 활동지도 – 빙판길 골절 예방하기 ① 미끄럽지 않은 편안한 신발 신기 ② 주머니에 손 넣지 않고 장갑 착용하기 – 폭염 예방하기 ① 물병을 가지고 다니며 수시로 물 마시기 ② 그늘에서 자주 휴식하며 양산이나 모자 챙기기 – 빙판 예방구호 기본박수 – @무릎 네 번, 박수 네 번 ① @ 장갑을 끼고 장갑을 끼고 ② @ 모자를 쓰고 모자를 쓰고 ③ @ 목도리를 두르고 목도리를 두르고 ④ @ 털신을 신고 털신을 신고 @ 외출을 해요 외출을 해요	30′

전개	– 폭염 예방구호 ① @ 물을 마셔요 물을 마셔요 ② @ 그늘에서 쉬어요 그늘에서 쉬어요 ③ @ 양산을 써요 양산을 써요 ④ @ 부채를 부쳐요 부채를 부쳐요 @ 외출을 해요 외출을 해요	30′
마무리	■ 규칙박수 – 박수 2번 시작 "빙판" / 박수 4번 시작 "조심조심" ■ 마음체조 (3페이지 QR코드 참고) ■ 마무리 인사 후 정리	15′
준비물		

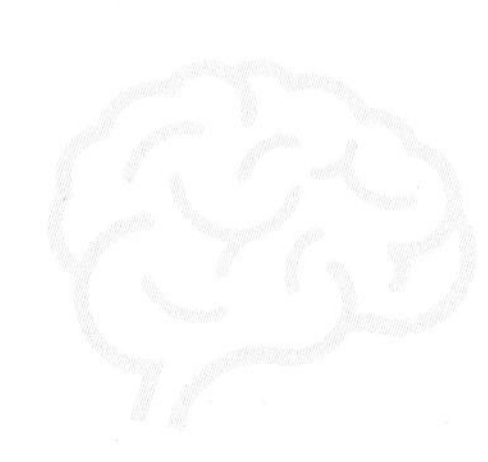

1-09 안전인지

9차시 보건안전-감염, 식중독

학습 목표
1. 감염, 식중독 예방을 위한 예방수칙을 숙지한다.
2. 감염병 예방수칙 및 식중독 예방 3대 원칙을 생활화 한다.

단계	내용	시간
도입	■ 인사 나누기 - 조심 조심 또 조심! 감염, 식중독 조심하면 예방할 수 있습니다! 모두가 알고 있지만 실천하지 않아서 발생하는 안전사고 우리 모두 조심하면 예방할 수 있습니다! ♬우리모두 다 같이 인사해 "안전" ■ 뇌건강 손유희 (3페이지 QR코드 참고)	15′
전개	■ 활동준비 - 식중독 예방 3대 원칙 - 감염병 예방수칙 - 식중독/감염 예방 찌개박수 ■ 활동지도 - 식중독 예방 3대 원칙 ① 손씻기 - 흐르는 물에 비누로 30초 이상 손씻기 ② 익히기 - 육류나 어패류는 가열 후 섭취하기 ③ 세척하기 - 채소, 과일류는 흐르는 물에 깨끗이 세척하기 - 감염병 예방수칙 ① 물과 비누로 자주 씻는다. ② 씻지 않은 손으로 눈 · 코 · 입 만지지 않기 ③ 기침할 땐 옷소매로 입과 코를 가리기 ④ 발열, 기침 등 호흡기 증상자와 접촉 피하기 ⑤ 사람 많은 곳 방문 자제하기 ⑥ 특히 노인 · 임산부 · 만성질환자 등은 외출 시 마스크 착용하기	30′

<table>
<tr><td>전개</td><td>- 찌개박수
① 지글지글 짝짝 보글보글 짝짝
② 지글 짝 보글 짝
③ 지글보글 짝짝
- 식중독 예방박수
① 씻고 씻고 짝짝 익히고 익히고 짝짝
② 씻고 짝 익히고 짝
③ 씻고 익히고 짝짝</td><td>30′</td></tr>
<tr><td>마무리</td><td>■ 규칙박수
- 박수 2번 시작 “감염” / 박수 4번 시작 “조심조심”
■ 마음체조
(3페이지 QR코드 참고)
■ 마무리 인사 후 정리</td><td>15′</td></tr>
<tr><td>준비물</td><td></td><td></td></tr>
</table>

1-10 안전인지

10차시 자연재난안전 - 태풍, 지진

학습 목표	1. 태풍, 지진 발생 시 대처방안을 숙지한다. 2. 인지 활동을 통해 태풍, 지진 발생 시 안전 행동을 생활화 한다.

단계	내용	시간
도입	■ 인사 나누기 – 조심조심 또 조심! 태풍, 지진 조심하면 예방할 수 있습니다! 모두가 알고 있지만 실천하지 않아서 발생하는 안전사고 우리 모두 조심하면 예방할 수 있습니다! ♬우리모두 다 같이 인사해 "안전" ■ 뇌건강 손유희 (3페이지 QR코드 참고)	15′
전개	■ 활동준비 – 태풍 발생 시 대처방안 – 지진 발생 시 대처방안 – 색종이로 빌딩 쌓기 ■ 활동지도 – 태풍 발생 시 대처방안 ① 태풍의 진로와 도달 시간 확인하기 ② 전기 및 가스 차단하기 ③ 비상 연락망, 대피장소 미리 확인하기 ④ 노약자 · 어린이는 집 밖으로 나가지 않기 – 지진 발생 시 대처방안 ① 튼튼한 가구 밑으로 몸을 피한다. ② 푹신한 방석이나 쿠션으로 머리를 보호한다. ③ 출입문을 미리 열어 탈출구를 확보한다. ④ 전기 및 가스 차단하기 – 종이컵으로 빌딩 쌓기 ① A4용지에 종이컵 4개를 놓고 색종이를 올린다. ② 같은 방법으로 3층까지 올린다. ③ 부채 바람으로 종이컵 빌딩을 쓰러뜨린다. ④ A4용지를 양쪽 손으로 잡고 흔들어서 종이컵 빌딩을 쓰러뜨린다.	30′

마무리	■ 규칙박수 – 박수 2번 시작 “태풍” / 박수 4번 시작 “조심조심” ■ 마음체조 (3페이지 QR코드 참고) ■ 마무리 인사 후 정리	15′
준비물	A4용지, 종이컵, 색종이, 부채	

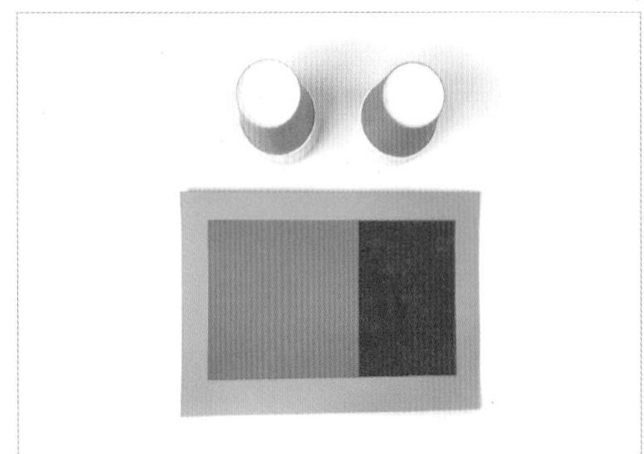

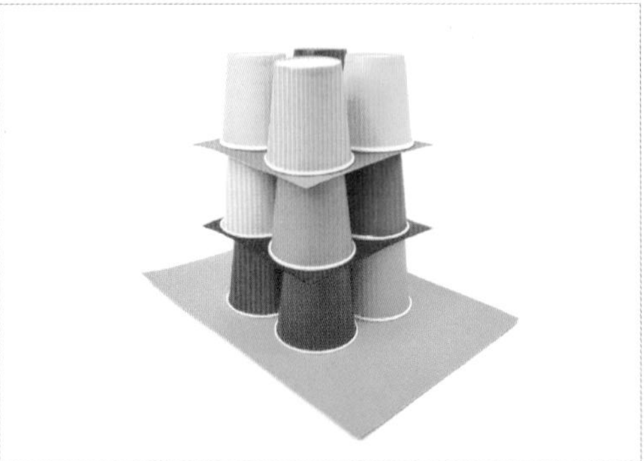

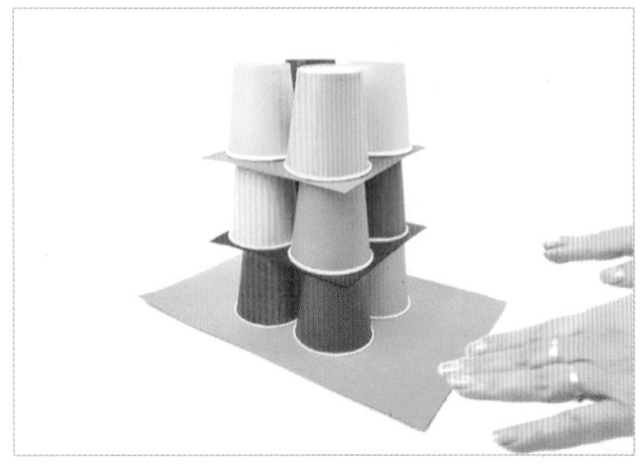

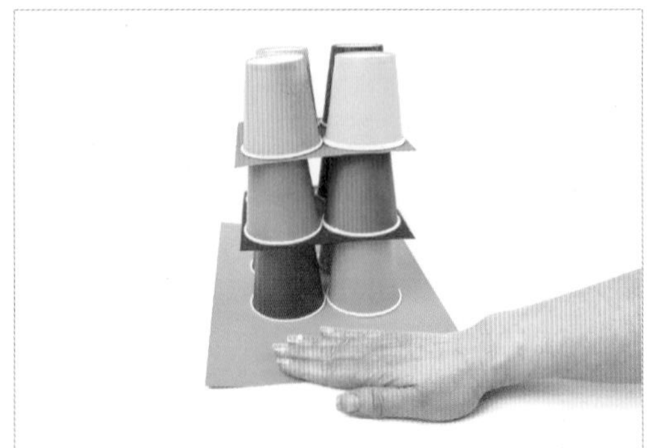

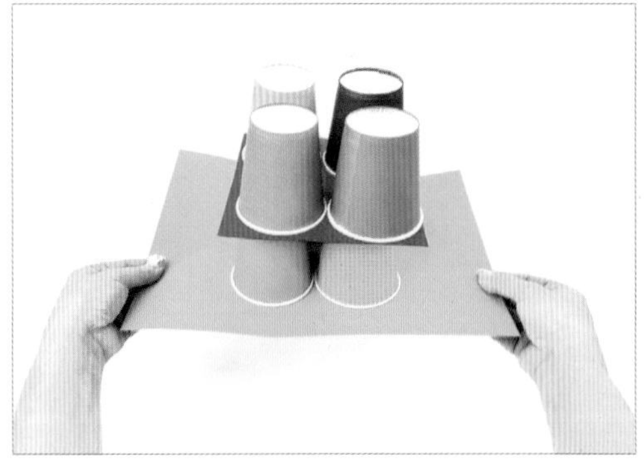

한국지속가능문화교육개발원
KSCE

2장
웃음인지

목표

스트레스와 우울증으로 힘들어하는 상황에서 웃음은 스트레스를 해소하고 삶을 즐기면서 대인관계를 원활하게 함으로써 올바른 소통과 사고를 할 수 있다.

웃음은 "행복하기 때문에 웃는 것이 아니라 웃기 때문에 행복한 것이다!"

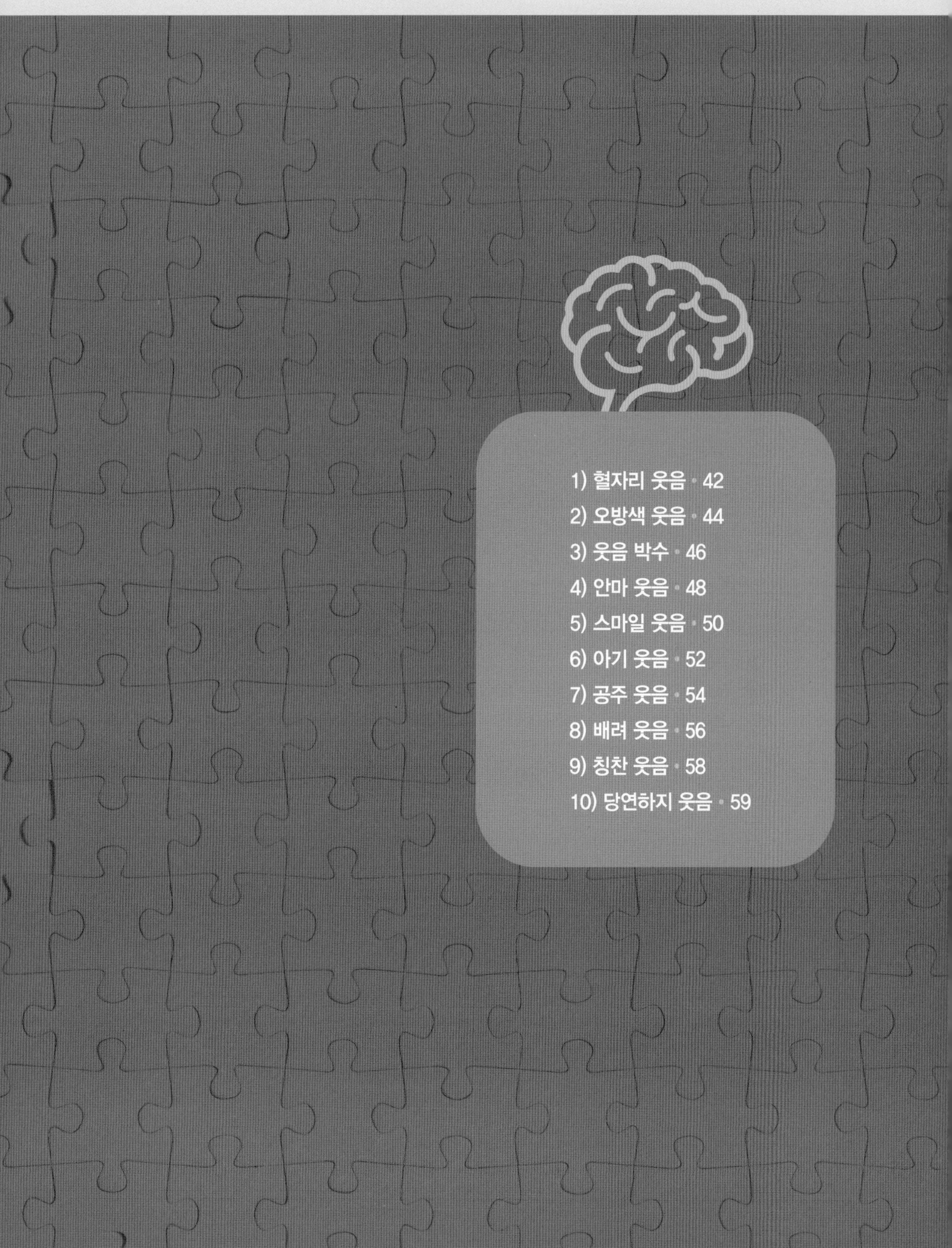

2장 웃음인지

2-01 웃음인지

1차시 혈자리 웃음

학습 목표
1. 건강에 좋은 혈자리를 알 수 있도록 한다.
2. 혈자리 웃음으로 건강한 인생을 도모할 수 있다.

단계	내용	시간
도입	■ **인사 나누기–웃음 10계명**(출처: 문화일보) ♬우리 모두 다 같이 인사해! "하하" 1단계는 '크게 웃어라!'입니다. 크게 15초를 웃으면 이틀을 더 산다고 합니다. 박장대소 웃음은 최고의 운동으로 우리 몸의 근육을 발달시켜 우리를 건강하게 만들어 줍니다. 매일 매일 웃음운동으로 100세 건강 함께해요! ♬우리 모두 다 같이 웃어요! "하하" ■ **뇌건강 체조** (3페이지 QR코드 참고)	15′
전개	■ **활동준비** – 건강에 좋은 혈자리를 알 수 있다. ① 백 가지 경락이 모여 시작하는 백회(百會) : 두통, 집중력, 건망증, 불면증, 혈액순환 개선 ② 자궁을 따뜻하게 하는 혈자리 노궁(勞宮) : 심장질환, 당뇨병 개선 ③ 체했을 때 좋은 혈자리 합곡(合谷) : 두통, 소화불량 개선 ④ 신선도 했던 건강의 명혈 관원(關元) : 콩팥 기능 강화, 생식기 강화, 배설활동 활발 ⑤ 죽은 사람도 벌떡 일어나게 한다는 용천혈(涌泉穴) : 신장기능 강화, 피로회복, 혈액순환 개선 ■ **활동지도** ① 백회(百會)–'하하하하' 웃으며 머리 두드리기(8번–4번–2번–1번) ② 노궁(勞宮)–'호호호호' 웃으며 잼잼 ③ 합곡(合谷)–'히히히히' 웃으며 나비손	30′

전개	④ 관원(關元)–'해해해해' 웃으며 배꼽 두드리기 ⑤ 용천혈(涌泉穴)–'후후후후' 웃으며 발구르기 ※ 응용 ① 동요나 어르신들이 좋아하는 노래에 맞추어 두드린다. ② 진행자가 '호호호호' 웃으면 학습자는 얼른 노궁을 찾아 다 함께 웃으며 두드린다. ③ 진행자가 '해해해해' 웃으면 학습자는 얼른 관원을 찾아 나비손을 하며 다 함께 웃는다.	30′
마무리	■ **웃음체조** 웃음체조 준비 "하하" (3페이지 QR코드 참고) ■ **마무리 인사 후 정리** – 오늘은 '크게 웃어라!'입니다. 우리 모두 다 함께 크게 웃으며 수업을 마치도록 하겠습니다.	15′
준비물		

웃음인지 활동준비(2-02)

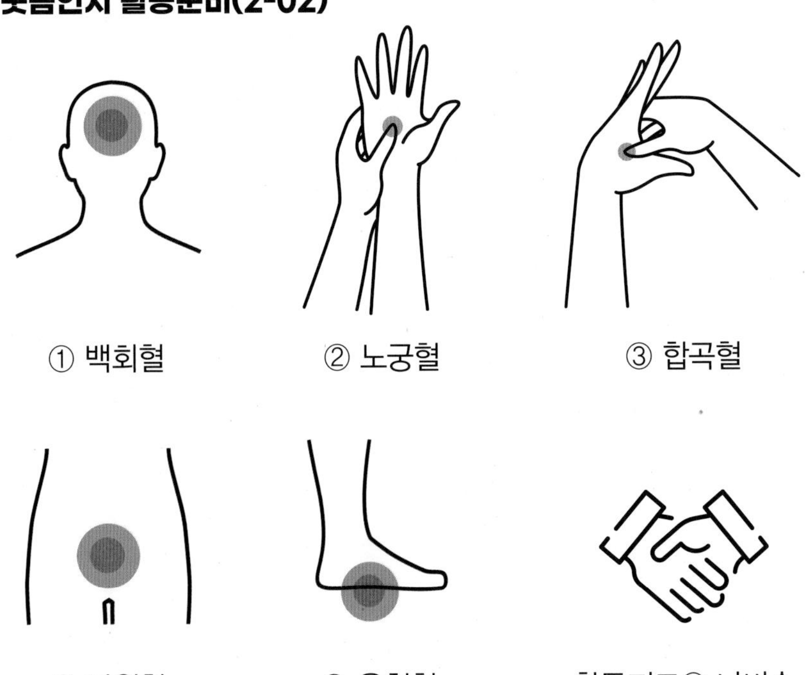

① 백회혈 ② 노궁혈 ③ 합곡혈

④ 관원혈 ⑤ 용천혈 활동지도③ 나비손

2-02 웃음인지

2차시 오방색 웃음

학습 목표
1. 오방색의 의미를 알 수 있다.
2. 오방색 웃음으로 오감을 자극하고 침체된 감각능력을 제고한다.

단계	내용	시간
도입	■ 인사 나누기 ♬우리 모두 다 같이 인사해! "하하" 2단계는 '일어나자마자 웃어라!'입니다. 일어나자마자 웃는 웃음은 보약중의 보약이라고 합니다. 아침마다 웃음보약 드시고 가족과 함께 건강한 하루를 시작해 보세요. 오늘도 웃는 하루되세요! ♬우리 모두 다 같이 웃어요! "하하" ■ 뇌건강 체조 (3페이지 QR코드 참고)	15′
전개	■ 활동준비 – 오방색의 의미를 알 수 있다. ① 황(黃)노랑/중앙/우주의 중심 ② 청(靑)파랑/동/만물의 생성 ③ 백(白)하양/서/결백과 진실 ④ 적(赤)빨강/남/정열과 애정 ⑤ 흑(黑)검정/북/인간의 지혜 ■ 활동지도 ① 황(黃)중앙/'후후후후' 웃으며 양손을 앞으로 털기 ② 청(靑)동/'해해해해' 웃으며 양손을 오른쪽으로 털기 ③ 백(白)서/'히히히히' 웃으며 양손을 왼쪽으로 털기 ④ 적(赤)남/'호호호호' 웃으며 양손을 아래로 털기 ⑤ 흑(黑)북/'하하하하' 웃으며 양손을 위로 털기 ※ 응용 ① 노래에 맞추어 중앙–동–서–남–북(8번–4번–2번–1번–1번) 순서로 털기. 방향에 맞는 웃음소리를 내면서 손털기를 한다. ② 진행자가 오른쪽으로 손털기를 하며 '해해해해' 웃으면 학습자는 반대로 왼쪽으로 '히히히히' 웃으며 손털기를 한다. ③ 같은 방식으로 진행자와 반대 방향으로 손털기 웃음을 한다.	30′

마무리	■ **웃음체조** 웃음체조 준비 "하하" (3페이지 QR코드 참고) ■ **마무리 인사 후 정리** – 오늘은 '일어나자마자 웃어라!'입니다. 우리 모두 다 함께 웃으며 수업을 마치도록 하겠습니다	15′
준비물		

2-03 웃음인지

3차시 웃음 박수

학습 목표
1. 박수를 치며 다 같이 큰소리로 웃도록 유도한다.
2. 함께 웃음으로 대인관계가 좋아질 수 있도록 한다.

단계	내용	시간
도입	■ 인사 나누기 ♬우리 모두 다 같이 인사해! "하하" 3단계는 '시간을 정해놓고 웃어라!'입니다. 밥 먹고 양치질하듯 시간을 정해놓고 웃어 보세요. 매일 하루 세 번 15초씩 웃다보면 어느새 저절로 웃고 있는 자신을 발견하게 될 겁니다. 아침, 점심, 저녁 웃음약 꼭 잊지 마세요! ♬우리 모두 다 같이 웃어요! "하하" ■ 뇌건강 체조 (3페이지 QR코드 참고)	15′
전개	■ 활동준비 – 짝꿍과 함께 마주 앉는다. ■ 활동지도 ① 오른쪽 얼굴 옆에서 박수 5번(짝짝 짝짝짝)을 치며 웃음은 '하하 하하하' ② 왼쪽 얼굴 옆에서 박수 5번(짝짝 짝짝짝)을 치며 웃음은 '호호 호호호' ③ 짝꿍하고 양손 박수 5번(짝짝 짝짝짝)을 치며 웃음은 '히히 히히히' ④ 오른쪽 얼굴 옆에서 박수 3번(짝짝짝)을 치며 웃음은 '하하하' ⑤ 왼쪽 얼굴 옆에서 박수 3번(짝짝짝)을 치며 웃음은 '호호호' ⑥ 짝꿍하고 양손 박수 3번(짝짝짝)을 치며 웃음은 '히히히' ⑦ 오른쪽 얼굴 옆에서 박수 1번(짝짝짝)을 치며 웃음은 '하' ⑧ 왼쪽 얼굴 옆에서 박수 1번(짝짝짝)을 치며 웃음은 '호' ⑨ 짝꿍하고 양손 박수 1번(짝짝짝)을 치며 웃음은 '히' ⑩ 마지막 동작을 마친 다음 짝꿍하고 박수를 치며 큰소리로 웃는다. ※ 응용 ① 무릎 4번–박수 4번–날갯짓 4번–큰 소리로 '하하하하' ② 같은 방법으로 '호호호호', '히히히히', '해해해해' 웃는다.	30′

마무리	■ **마음체조** 웃음체조 준비 "하하" (3페이지 QR코드 참고) ■ **마무리 인사 후 정리** – 오늘은 '시간을 정해놓고 웃어라!'입니다. 우리 모두 다 함께 웃으며 수업을 마치도록 하겠습니다	15′
준비물		

2-04 웃음인지

4차시 안마 웃음

학습 목표
1. 참여자가 서로 안마를 해주며 몸의 긴장을 푼다.
2. 웃음 안마를 통해 몸과 마음이 열리고 건강한 삶을 살 수 있도록 한다.

단계	내용	시간
도입	■ 인사 나누기 ♬우리 모두 다 같이 인사해! "하하" 4단계는 '마음까지 웃어라!'입니다. 겉만 웃는 것이 아니라 마음까지 함께 웃을 때 그 효과는 배가 됩니다. 진정으로 마음까지 웃을때 마음의 병이 사라지고 행복하고 건강한 삶이 시작될 것입니다. 마음의 문을 활짝 열고 웃어 보세요! ♬우리 모두 다 같이 웃어요! "하하" ■ 뇌건강 체조 (3페이지 QR코드 참고)	15′
전개	■ 활동준비 – 짝꿍과 함께 앉는다. ■ 활동지도 – 짝꿍과 함께 오른쪽으로 돌아앉아서 시작한다. ① 어깨를 주무르며 "행복하게 사세요"라고 말한다. ② 어깨를 두드리며 "당당하게 사세요"라고 말한다. ③ 등을 박박 긁으며 "시원하게 사세요"라고 말한다. ④ 옆구리를 간지럽히며 "웃으면서 사세요"라고 말한다. ⑤ 반대로 바꾸어 다시 진행한다. ※ 응용(같은 방식으로 진행한다) ① 어깨를 두드리면 '하하하하' 웃는다. ② 어깨를 주무르면 '호호호호' 웃는다. ③ 등을 박박 긁으면 '히히히히' 웃는다. ④ 옆구리를 간지럽히면 크게 웃는다. ⑤ 반대로 바꾸어 다시 진행한다. – 동요나 어르신들이 좋아하는 노래에 맞추어 진행한다.	30′

마무리	■ **웃음체조** 웃음체조 준비 "하하" (3페이지 QR코드 참고) ■ **마무리 인사 후 정리** – 오늘은 '마음까지 웃어라!'입니다. 우리 모두 다 함께 웃으며 수업을 마치도록 하겠습니다.	15′
준비물		

2-05 웃음인지

5차시 스마일 웃음

학습목표
1. 매일 웃는 얼굴을 만든다.
2. 즐거운 상상을 하는 훈련으로 스마일 웃음을 익히도록 한다.

단계	내용	시간
도입	■ **인사 나누기** ♬우리 모두 다 같이 인사해! "하하" 5단계는 '즐거운 생각을 하며 웃어라!'입니다. 웃고 싶을때마다 즐거운 상상을 해 보세요 웃음은 한 번 웃게되면 가속이 붙게되어 저절로 웃게 됩니다. '일소일소 일로일로' 한 번 웃으면 한 번 젊어지고 한 번 화내면 한 번 늙는다. 오늘도 세 번 웃고 세 번 젊어지세요! ♬우리 모두 다 같이 인사해! "하하" ■ **뇌건강 체조** (3페이지 QR코드 참고)	15′
전개	■ **활동준비** – '스마일' 3행시를 지어본다. 스 : 스쳐도 웃고 마 : 마주쳐도 웃고 일 : 일부러 웃자! ■ **활동지도** ① "'리'자로 끝나는 말"노래를 부르며 웃는다. 1절: "리~ 리~ 리자로 끝나는 말은?" 잠자리–코끼리–너구리–꾀꼬리–개구리–뒷다리 (리~~~~~ 5초간 유지하며 입꼬리를 올린다) 2절: "리~ 리~ 리자로 끝나는 말은?" 옆구리–종아리–롱다리–숏다리–머리–대머리 3절: 미나리–코다리–막걸리–돗자리–우리–술자리 4절: 개나리–보따리–소쿠리–김마리–유리–항아리 ② '활짝 웃어요' 노래를 부르며 걱정을 모두 벗어 버리고서 스마일 스마일 스마일 슬픔을 모두 벗어 버리고서 스마일 스마일 스마일 아픔을 모두 벗어 버리고서 스마일 스마일 스마일 불행을 모두 벗어 버리고서 스마일 스마일 스마일	30′

마무리	■ **마음체조** 웃음체조 준비 "하하" (3페이지 QR코드 참고) ■ **마무리 인사 후 정리** – 오늘은 '즐거운 생각을 하며 웃어라!'입니다. 우리 모두 다 함께 웃으며 수업을 마치도록 하겠습니다	15′
준비물		

2-06 웃음인지

6차시 아기 웃음

학습 목표
1. 사랑하는 사람을 떠올리며 웃을 수 있도록 한다.
2. 아기를 상상하며 아기웃음을 웃을 수 있도록 한다.

단계	내용	시간
도입	■ 인사 나누기-웃음 10계명 ♬우리 모두 다 같이 인사해! "하하" 6단계는 '함께 웃어라!'입니다. 웃음은 혼자 웃을때보다 여럿이 함께 웃을때 그 효과 무려 33배가 된다고 합니다. 콩알 한 쪽도 나눠먹듯이 사랑하는 사람과 함께 웃음약도 나눠 드세요! 나와 내 가족, 내 친구, 내 동료 모두가 건강해지고 행복해지길 바라며 오늘도 함께 웃어 보아요! ♬우리 모두 다 같이 웃어요! "하하" ■ 뇌건강 손유희 (3페이지 QR코드 참고)	15′
전개	■ 활동준비 - 짝꿍과 함께 앉는다. ■ 활동지도 ① 잼잼 짝짝/ 곤지곤지 짝짝/ 도리도리 짝짝 잼 짝, 곤지 짝, 도리 짝 잼곤지도리 짝짝 까꿍!!(짝꿍과 마주보고 큰 소리로 웃는다) ② 짝꿍과 마주보고 앉는다. 한 사람은 양손 보, 한 사람은 양손 주먹을 서로 바꿔가며 한다. 오른손 주먹 왼손은 보를 바꿔가며 한다. 한 사람은 양손 보, 한 사람은 양손 곤지를 서로 바꿔가며 한다. 오른손 보 왼손은 곤지를 바꿔가며 한다. ※ 동요를 부르며 손 놀이를 한다. ③ 아기 흉내 내기를 한다. - 노란 고무줄을 3개씩 나누어 준다. - 짝꿍과 가위바위보를 한다. - 이긴 사람이 고무줄로 진 사람의 머리를 아기머리로 묶어준다. - 아기가 되어 짝꿍과 함께 마주 손뼉을 치며 크게 웃는다.	30′

마무리	■ **마음체조** 웃음체조 준비 "하하" (3페이지 QR코드 참고) ■ **마무리 인사 후 정리** – 오늘은 '함께 웃어라!'입니다. 우리 모두 다 함께 웃으며 수업을 마치도록 하겠습니다	15′
준비물	노란 고무줄	

2-07 웃음인지

7차시 공주 웃음

학습 목표
1. 공주 웃음을 통하여 자존감을 향상시킬 수 있도록 한다.
2. 웃음의 긍정에너지가 내 주변으로 확산 될 수 있도록 한다.

단계	내용	시간
도입	■ 인사 나누기 ♬우리 모두 다 같이 인사해! "하하" 7단계는 '힘들 때 더 웃어라!'입니다. 만사불여일소(萬事不如一笑) –만가지의 일들이 한 번의 웃음만 못합니다– 힘들때 웃는 웃음이야말로 진정한 웃음이 될 것입니다. 마음이 아프고 몸이 아플때 웃음으로 고통을 날려버리세요. 울다가 웃으면 고통을 이길 수 있는 힘이 생깁니다. 부작용이 없는 웃음 진통제 맞고 건강과 행복 찾으세요! ♬우리 모두 다 같이 웃어요! "하하" ■ 뇌건강 손유희 (3페이지 QR코드 참고)	15′
전개	■ 활동준비 – 학습자들은 둥글게 앉는다. ■ 활동지도 ① 다 함께 가위바위보를 하여 이긴 사람이 공주가 된다. ② 공주는 손바닥을 보며 "거울아 거울아, 이 세상에서 누가 가장 예쁘니?" 라고 묻는다. ③ 모든 다 함께 공주를 향해 "그건 바로 너"라고 말한다. ④ 공주는 기뻐서 큰 소리를 웃는다. ⑤ 한 사람씩 돌아가며 공주가 되어본다. ※ 응용 ① 스티커를 3개씩 나누어 준다. ② 각각 다른 사람을 만나 가위바위보를 해서 이긴 사람이 진 사람의 얼굴에 스티커를 붙여준다. ③ 스티커를 붙여줄 때 "참 아름다우십니다!"라고 말하면 스티커를 받는 사람은 크게 웃는다. ④ 스티커를 가장 많이 받은 사람이 공주가 된다. ⑤ 공주에게 왕관을 씌워준다. ⑥ 공주는 한 사람씩 안아주며 "사랑합니다"라고 말해주며 큰 소리로 함께 웃는다.	30′

마무리	■ **마음체조** 웃음체조 준비 "하하" (3페이지 QR코드 참고) ■ **마무리 인사 후 정리** – 오늘은 '힘들 때 더 웃어라!'입니다. 우리 모두 다 함께 웃으며 수업을 마치도록 하겠습니다	15′
준비물	스티커, 왕관	

2-08 웃음인지

8차시 배려 웃음

학습 목표
1. 웃음을 통해 서로 배려하는 마음을 가질 수 있도록 한다.
2. 웃음으로 가족과 이웃을 행복하게 해 줄 수 있음을 인지하도록 한다.

<table>
<tr><th>단계</th><th>내용</th><th>시간</th></tr>
<tr><td>도입</td><td>■ 인사 나누기
♬우리 모두 다 같이 인사해! "하하"
8단계는 '억지로라도 웃어라!'입니다.
억지로라도 웃어보세요. 억지웃음, 가짜웃음도 웃고 나면 기분이 좋아지는 효과가 나타납니다.
행복해서 웃는게 아니라 웃어서 행복하다고 합니다. 웃다보면 가짜웃음이 어느새 진짜웃음이 되어 웃고 있는 자신을 발견하게 될 겁니다. 많이 웃고 행복해지세요!
♬우리 모두 다 같이 웃어요! "하하"
■ 뇌건강 손유희
(3페이지 QR코드 참고)</td><td>15′</td></tr>
<tr><td>전개</td><td>■ 활동준비
– 짝꿍과 마주보고 앉는다.
– 형님과 아우를 정한다.
■ 활동지도
① 형님먼저(박수2번 양손앞으로) 하하하하(양손을 머리위로)웃는다.
아우먼저(박수2번 양손앞으로) 하하하하(양손을 머리위로)웃는다.
② 형님먼저(박수2번 양손앞으로) 호호호호(양손을 입술앞으로)웃는다.
아우먼저(박수2번 양손앞으로) 호호호호(양손을 입술앞으로)웃는다.
③ 형님먼저(박수2번 양손앞으로) 히히히히(양손을 잡고)웃는다.
아우먼저(박수2번 양손앞으로) 히히히히(양손을 잡고)웃는다.
④ 형님먼저(박수2번 양손앞으로) 해해해해(양손을 턱 밑에)웃는다.
아우먼저(박수2번 양손 앞으로) 해해해해(양손을 턱 밑에)웃는다.
※ 응용
① 하늘보고(오른손 위 왼손 위) 하하하하
② 애인보고(오른손 입 왼손 입) 호호호호
③ 친구보고(양손 잡고) 히히히히
④ 강아지보고(오른손 턱 밑 왼손 턱 밑) 해해해해</td><td>30′</td></tr>
</table>

마무리	■ 마음체조 웃음체조 준비 "하하" (3페이지 QR코드 참고) ■ 마무리 인사 후 정리 – 오늘은 '억지로라도 웃어라!'입니다. 우리 모두 다 함께 웃으며 수업을 마치도록 하겠습니다	15′
준비물		

2-09 웃음인지

9차시	칭찬 웃음
학습 목표	1. 서로 칭찬하는 습관을 가질 수 있도록 한다. 2. 가족과 내 이웃의 소중함을 느낄 수 있도록 한다.

단계	내용	시간
도입	■ 인사 나누기 ♬우리 모두 다 같이 인사해! "하하" 9단계는 '한 번 웃고 또 웃어라!'입니다. 웃음은 수시로 웃어주면 좋습니다. 아무리 많이 웃어도 부작용이 없고 돈이 들지 않아서 웃음은 최고의 건강운동법 입니다. 금방 웃고 또 웃고 수시로 웃어보아요! ♬우리 모두 다 같이 웃어요! "하하" ■ 뇌건강 손유희 (3페이지 QR코드 참고)	15′
전개	■ 활동준비 – 짝꿍과 마주보고 앉는다. ■ 활동지도 ① 짝꿍과 가위바위보를 한다. ② 진 사람은 이긴 사람의 칭찬을 한다. ③ 이긴 사람은 칭찬을 받고 기뻐서 큰 소리로 웃는다. ④ 세 번 칭찬을 받은 사람은 만세를 부르며 박장대소 웃음을 웃는다. ※ ♬응용(잘했군 잘했어 응용) ① 언니!! 왜 불러~ 언니네 김치가 맛있어서 밥 먹으러 왔어요 잘했군~ 잘했군~ 잘했군~ 잘했군~ 잘했어!! 그러게 내 언니 라지요! (서로 마주 박수를 치며 크게 웃는다) ② 동생!! 왜 불러요~ 동생이랑 꽃구경 가려고 왔지 잘했군~ 잘했군~ 잘했군~ 잘했군~ 잘했어!! 그러게 내 동생 이라지!	30′
마무리	■ 마음체조 웃음체조 준비 "하하" (3페이지 QR코드 참고) ■ 마무리 인사 후 정리 – 오늘은 '한 번 웃고 또 웃어라!'입니다. 우리 모두 다 함께 웃으며 수업을 마치도록 하겠습니다	15′
준비물		

2-10 웃음인지

10차시 당연하지 웃음

학습 목표
1. 웃음으로 긍정적 사고방식을 가질 수 있도록 한다.
2. 참여자가 웃음을 통해 자신감이 향상되어 적극적으로 활동할 수 있도록 한다.

단계	내용	시간
도입	■ **인사 나누기-웃음 10계명** ♬우리 모두 다 같이 인사해! "하하" 10단계는 '꿈을 이루었을 때를 상상하며 웃어라!'입니다. 건강 100세를 꿈꾸신다면 오늘도 꿈이 이루어지길 상상하며 웃어 보아요. 웃음은 희망을 주며, 면역력을 길러주어 건강 100세를 꿈꿀 수 있도록 해 줍니다. 꿈이 이루어지길 상상하며 웃는 하루 되세요! ♬우리 모두 다 같이 웃어요! "하하" ■ **뇌건강 손유희** (3페이지 QR코드 참고)	15′
전개	■ **활동준비** – 짝꿍과 마주보고 앉는다. ■ **활동지도** ① 짝꿍이 질문을 하면 대답은 무조건 '당연하지'로 대답한다. 예) 학습자1 : 내 뱃살 가져가실 거죠? 모두 : 당연하지!! (큰 소리로 웃는다) 학습자2 : 당신의 예쁜 미소 주실 거죠? 모두 : 당연하지!! (큰 소리로 웃는다) ② 돌아가며 이야기한 후 크게 웃는다. ③ 짝꿍이 질문을 하면 대답은 무조건 '맞아맞아'로 대답한다. 예) 학습자1 : 어머! 오늘 정말 예쁘시네요! 성형수술 하셨나 봐요? 학습자2 : 맞아맞아!! (큰 소리로 웃는다) 학습자2 : 어머! 오늘 정말 날씬해 보이시네요! 물만 드시나 봐요? 학습자1 : 맞아맞아!! (큰 소리로 웃는다) ④ 돌아가며 이야기한 후 크게 웃는다.	30′
마무리	■ **마음체조** 웃음체조 준비 "하하" (3페이지 QR코드 참고) ■ **마무리 인사 후 정리** – 마지막으로 '꿈을 이루었을 때를 상하며 웃어라!'입니다. 우리 모두 다 함께 웃으며 수업을 마치도록 하겠습니다	15′
준비물		

3장
음악·신체인지

목표

음악 · 신체 인지활동을 통하여 노인들의 창의성을 발달시키고, 음악적 · 신체적 감각을 증진시켜, 신체인지능력을 신장시킬 수 있다.

자신의 존재감을 확인하는 동시에 침체된 오감을 일깨우고, 그룹 활동을 통한 사회적 참여로 삶의 만족도를 증대시킬 수 있다.

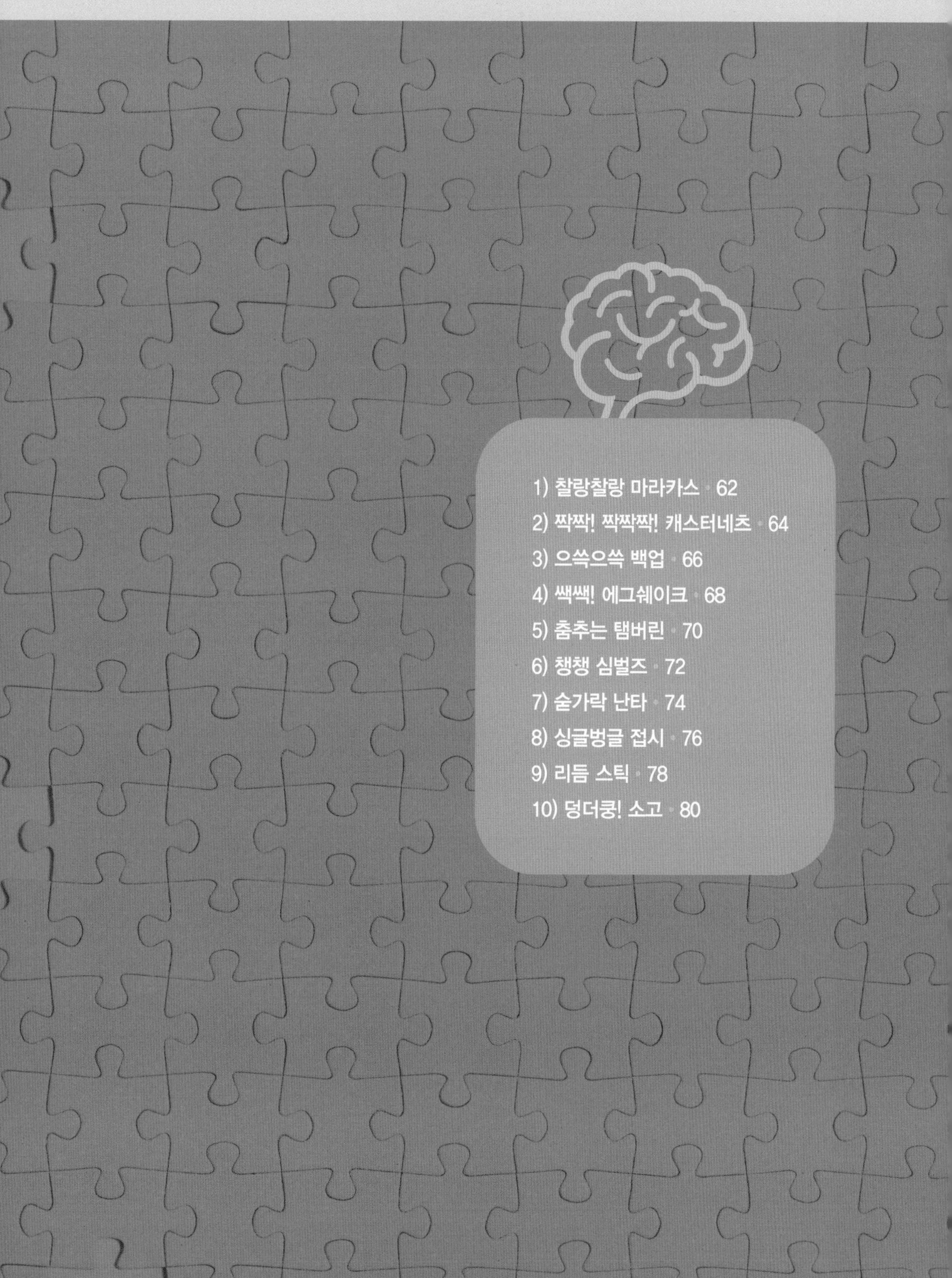

3장 음악·신체인지

3-01 음악·신체인지

1차시 찰랑찰랑 마라카스

학습 목표
1. 마라카스의 유래를 알 수 있다.
2. 마라카스의 표현을 통해 청각 능력을 향상시키며 그 소리를 동작으로 표현할 수 있도록 한다.

단계	내용	시간
도입	■ 인사 나누기 ♬우리 모두 다 같이 인사해 신난다! ♬우리 모두 다 같이 인사해 신난다! ♬우리 모두 다 같이 즐거웁게 인사해! ♬우리 모두 다 같이 인사해 신난다! 오늘은 마라카스를 이용한 신나는 동작을 하겠습니다. ■ 악기 탐색 마라카스는 타악기로 중앙아메리카의 야자열매 '마라카'의 속을 파내고 말린 씨를 넣어서 소리를 내던 것에서 시작되었다고 합니다. 자연물(곡물, 콩알, 나뭇가지, 돌멩이 등) 마라카스로 신나는 체조를 배워보도록 하겠습니다. ■ 뇌건강 체조 (3페이지 QR코드 참고)	15′
전개	■ 활동준비 – 개인 한 사람당 마라카스 2개씩 나누어 준다. – 옆 사람과 부딪히지 않도록 거리를 유지하며 줄을 맞추어 선다. ■ 활동지도 1 ① 양손에 마라카스를 잡고 흔들어 본다. ② 마라카스를 잡은 양손을 밖으로도 돌려보고 안으로도 돌려본다. ③ 마라카스를 잡은 양손을 아래, 위로 흔들어 보기도 한다. ■ 활동지도 2 – 준비자세 : 양손에 마라카스를 잡는다.	30′

전개	① 오른팔로 큰 원을 안쪽에서 밖으로 흔들며 4번 돌린다. 같은 동작을 왼팔로 반복한다. ② 양팔로 큰 원을 안쪽에서 밖으로 4번 돌린다. 이번에는 바깥에서 안쪽으로 4번 돌린다. ③ 양손을 오른쪽 사선에서 위로 2박자 흔들고, 정면 아래로 2박자 흔든다. 왼쪽 사선에서 위로 2박자 정면 아래로 2박자 흔든다. (2번 반복) ④ 머리 위에서 마라카스로 2박자에 1번씩 2번 박수친다. 같은 동작을 아래에서 반복한다. ⑤ ①②③④를 반복한다. 응용:돌리기를 흔들기로 바꾸어서 할 수 있다. ※앉아서 하거나 서서 할 수 있다.	30′
마무리	■ **마음체조** (3페이지 QR코드 참고) ■ **마무리 인사 후 정리** ♬우리 모두 다 같이 인사해 신난다! ♬우리 모두 다 같이 인사해 신난다! ♬우리 모두 다 같이 즐거웁게 인사해! ♬우리 모두 다 같이 인사해 신난다!	15′
준비물	마라카스	

3-02 음악·신체인지

2차시 짝짝! 짝짝짝! 캐스터네츠

학습 목표
1. 캐스터네츠라는 악기의 사용법을 익혀 율동에 활용할 수 있도록 한다.
2. 캐스터네츠 활동을 통하여 악력과 손목의 힘을 키운다.

단계	내용	시간
도입	■ 인사 나누기 ♬우리 모두 다 같이 손뼉을 짝짝! ♬우리 모두 다 같이 손뼉을 짝짝! ♬우리 모두 다 같이 즐거웁게 손뼉을 ♬우리 모두 다 같이 손뼉을 짝짝! 오늘은 캐스터네츠를 이용한 신나는 동작을 하겠습니다. ■ 악기 탐색 캐스터네츠는 같은 모양의 나뭇조각을 조개껍질처럼 끈으로 연결해놓아 양손에 쥐고 치는 악기이다. 칠 때에는 주로 검지나 중지를 움직여 소리를 내는데, 매우 경쾌하면서 딱딱한 소리를 내기 때문에 음악에 강세를 주는 데 안성맞춤이다. ■ 뇌건강 체조 (3페이지 QR코드 참고)	15′
전개	■ 활동준비 – 둥글게 원을 만들어 마주보고 앉는다. – 캐스터네츠를 한 개씩 나누어 준다. – 함께 부를 노래를 준비한다. (예: 퐁당퐁당, 고향의 봄, 송아지 등) ■ 활동지도 1 ① 캐스터네츠를 왼손에 올려놓고 오른손으로 쳐보고 반대로 쳐본다. ② 양손을 모아 치면서 손아귀의 힘을 키워본다. ■ 활동지도 2 ① 왼손에 캐스터네츠를 올려놓고 오른손바닥으로 2박자에 1번씩 4번 친다. 캐스터네츠를 오른손에 옮기고 동작을 반복한다.(8박자×2) ② 오른손 위에 캐스터네츠를 올려놓고 2박자에 한 번씩 본인의 캐스터네츠를 2번 치고, 오른쪽 옆사람의 캐스터네츠를 2번 친다.(내꺼 2번 옆사람 2번)(8박자×2) ③ ① ② 동작을 계속 반복한다.	30′

마무리	■ 마음체조 (3페이지 QR코드 참고) ■ 마무리 인사 후 정리 ♬우리 모두 다 같이 손뼉을 짝짝! ♬우리 모두 다 같이 손뼉을 짝짝! ♬우리 모두 다 같이 즐거웁게 손뼉을 ♬우리 모두 다 같이 손뼉을 짝짝!	15′
준비물	캐스터네츠	

3-03 음악·신체인지

3차시 으쓱으쓱 백업

학습목표
1. 백업의 사용방법을 알 수 있다.
2. 백업 활동을 통하여 온몸 운동과 긴장된 근육의 이완을 도모한다.

단계	내용	시간
도입	■ 인사 나누기 ♬우리 모두 다 같이 어깨를 으쓱! ♬우리 모두 다 같이 어깨를 으쓱! ♬우리 모두 다 같이 즐거웁게 어깨를 ♬우리 모두 다 같이 어깨를 으쓱! 백업으로 온몸 두드리기 체조를 함께 하겠습니다. ■ 도구 탐색 백업 도구는 손가락 근력 및 소근육 발달에 매우 좋다. 몸이나 바닥을 두드리는 활동을 통하여 스트레스 해소와 즐거움, 근육이완의 효과를 동시에 만족시킨다. ■ 뇌건강 체조 (3페이지 QR코드 참고)	15′
전개	■ 활동 준비 – 백업 두 개씩을 나누어 준다. – 조금씩 거리를 두고 앉는다. ■ 활동지도 1 ① 내 몸 두드리기, 앞사람, 옆 사람 안마해주기를 하며 긴장을 푼다. ② 백업으로 할 수 있는 동작들을 설명하며 해 본다. – 밀가루 반죽 굴리기 (칼국수 만들기) – 칼싸움하기, 다듬이질하기, 옆 사람과 고리 걸어 당기기 ■ 활동지도 2 ① 백업으로 오른쪽 어깨 8번 두드리기 ② 백업으로 왼쪽 어깨 8번 두드리기 ③ 백업으로 오른쪽 겨드랑이 8번 두드리기 ④ 백업으로 왼쪽 겨드랑이 8번 두드리기 ⑤ 백업으로 오른쪽 옆구리 8번 두드리기 ⑥ 백업으로 왼쪽 옆구리 8번 두드리 ⑦ 백업으로 박수치기 오른쪽 8번, 왼쪽 8번	30′

전개	※ 응용 ① 백업을 양손에 들고 백업끼리 마주치거나 교차 치기 ② 양손으로 백업 끝을 잡고 백업을 구부리기 등 ③ 백업으로 글자 만들기 (예: '아, 이, 오, 우' 등)	30′
마무리	■ 마음체조 (3페이지 QR코드 참고) ■ 마무리 인사 후 정리 ♬우리 모두 다 같이 어깨를 으쓱! ♬우리 모두 다 같이 어깨를 으쓱! ♬우리 모두 다 같이 즐거웁게 어깨를 ♬우리 모두 다 같이 어깨를 으쓱!	15′
준비물	백업(5T)	

3-04 음악·신체인지

4차시 쌕쌕! 에그쉐이크

학습 목표
1. 에그쉐이크의 사용방법을 알 수 있다.
2. 에그쉐이크 활동을 통하여 리듬을 파악하고 율동을 통해 신체인지 능력을 키운다.

단계	내용	시간
도입	■ 인사 나누기 ♬우리 모두 다 같이 흔들어 쌕쌕! ♬우리 모두 다 같이 흔들어 쌕쌕! ♬우리 모두 다 같이 즐거웁게 흔들어 ♬우리 모두 다 같이 흔들어 쌕쌕! 오늘은 에그쉐이크 소리에 귀 기울이며 다양한 동작을 만들어 보겠습니다. ■ 악기 탐색 에그쉐이크의 몸체 내부에는 구슬 등이 들어가 있으므로 흔들게 되면 기분 좋은 음향을 만들어 낸다. 박자나 리듬에 반응하여 심박 수, 몸의 변화를 기대할 수 있다. 다양한 활동으로 소근육 발달과 집중력 향상을 도모 할 수 있다. 타악기의 일종으로 리듬감을 향상하기에도 굉장히 좋은 악기이다. ■ 뇌건강 체조 (3페이지 QR코드 참고)	15′
전개	■ 활동 준비 – 1인당 에그쉐이크를 2개씩 나누어 준다. – 전체 일어나서 줄을 맞춰 선다. ■ 활동지도 1 – 에그쉐이크를 양손에 잡고 앞, 뒤로 흔들어 본다. – 에그쉐이크를 양손에 잡고 아래, 위로 흔들어 본다. ■ 활동지도 2 – 준비자세 : 양손에 에그쉐이크를 가볍게 쥔다. ① 오른손↑ 왼손→ 방향으로 4박자 흔든다. 반대 방향도 같은 동작을 반복한다.(4박자×4) ② 위에서 4박자를 흔들고 아래서 4박자를 흔든다.(4박자×4) ③ 에그쉐이크를 가슴 앞에서 굴려 박수친다.(굴려서 짝짝)(4박자×4)	30′

전개	※ 노래에 맞추어 에그쉐이크 옆 사람에게 돌리기(눈을 감고 전달하면 집중력 향상에 매우 도움을 준다.)	30′
마무리	■ **마음체조** (3페이지 QR코드 참고) ■ **마무리 인사 후 정리** ♬우리 모두 다 같이 흔들어 싹싹! ♬우리 모두 다 같이 흔들어 싹싹! ♬우리 모두 다 같이 즐거웁게 흔들어 ♬우리 모두 다 같이 흔들어 싹싹!	15′
준비물	에그쉐이크	

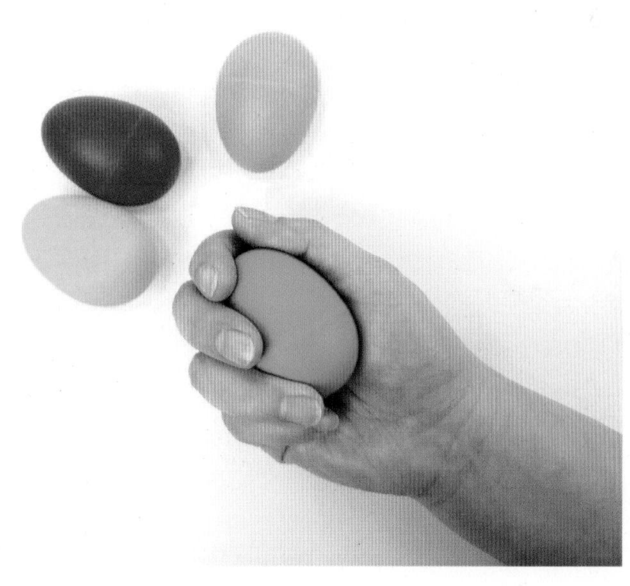

3-05 음악·신체인지

5차시 춤추는 탬버린

학습 목표
1. 탬버린의 활용방법을 이해한다.
2. 손목과 팔을 사용하는 탬버린 활동을 통하여 리듬감과 근육발달을 증진하고 온몸 운동까지 가능하도록 한다.

단계	내용	시간
도입	■ 인사 나누기 ♬우리 모두 다 같이 춤을 춰 룰루랄라! ♬우리 모두 다 같이 춤을 춰 룰루랄라! ♬우리 모두 다 같이 즐거웁게 춤을 춰 ♬우리 모두 다 같이 춤을 춰 룰루랄라! 오늘은 탬버린의 다양한 동작으로 하나의 하모니를 만들어 보겠습니다. ■ 악기 탐색 오랜 역사를 지닌 탬버린은 작은 크기에도 경쾌한 리듬감을 표현하기에 좋다. 흥겨운 마을 축제에서 빠지지 않는 타악기였으며 집시처럼 유랑하는 음악가들의 악기로도 많은 사랑을 받았다. 지배층과 귀족 중심의 악기가 아니라 예전부터 서민들도 마음껏 연주할 수 있는 친근한 악기였다. ■ 뇌건강 체조 (3페이지 QR코드 참고)	15′
전개	■ 활동 준비 – 한 사람당 탬버린 2개씩을 나누어 준다.(1개도 가능) ■ 활동지도 1 ① 스냅을 중심으로 흔들어 본다(팔 전체가 흔들리지 않도록 주의해야 한다). ② 탬버린을 흔들고 손바닥에 친다. ③ 탬버린을 양손에 잡고 앞, 뒤로 흔든다. ④ 탬버린을 양손에 잡고 아래, 위로 흔든다. ⑤ 탬버린을 온몸에 두드린다. ■ 활동지도 2 ① 조별로 인원을 나눈다. ② 각 조는 각기 다른 동작 익힌다. – 1조 : 머리 위로 손을 올려 2박자에 1번씩 탬버린 4번 치기 – 2조 : 탬버린으로 어깨를 2박자에 1번씩 4번 치기 – 3조 : 탬버린으로 무릎을 2박자에 1번씩 4번 치기 – 다 같이 : 각 조의 동작을 동시에 진행한다.	30′

전개	③ 노래에 맞춰 1조부터 차례대로 정해진 동작을 한다. ④ 진행자가 외치는 조는 정해진 동작을 한다. 예 : 1조→2조→3조→다 같이→2조→1조→1 · 3조→다 같이	30′
마무리	■ **마음체조** (3페이지 QR코드 참고) ■ **마무리 인사 후 정리** ♬우리 모두 다 같이 춤을 춰 룰루랄라! ♬우리 모두 다 같이 춤을 춰 룰루랄라! ♬우리 모두 다 같이 즐거웁게 춤을 춰 ♬우리 모두 다 같이 춤을 춰 룰루랄라!	15′
준비물	탬버린	

3-06 음악·신체인지

6차시 챙챙 심벌즈

학습 목표
1. 심벌즈의 스토리텔링을 통해 문화적 인지능력을 확장한다.
2. 심벌즈 활동을 통하여 청각적 자극을 유도하고 소리 크기의 다름을 체험하도록 한다.

단계	내용	시간
도입	■ 인사 나누기 ♬우리 모두 다 같이 두 손을 챙챙! ♬우리 모두 다 같이 두 손을 챙챙! ♬우리 모두 다 같이 즐거웁게 두 손을 ♬우리 모두 다 같이 두 손을 챙챙! 오늘은 우리 다 같이 심벌즈를 이용하여 신나는 동작을 해 보도록 하겠습니다. ■ 악기 탐색 서양 관현악단의 심벌즈는 18세기 유럽에서 유행하던 튀르크 군악대 심벌즈에서 유래했다. 한 벌을 수평으로 들고 서로 부딪쳐 소리를 내고, 가장자리가 작거나 없는 것도 있다. 심벌즈는 고대 이후 서아시아에서 무희들이 춤추면서 연주하는 악기로 사용되었다. ■ 뇌건강 손 유희 (3페이지 QR코드 참고)	15′
전개	■ 활동 준비 – 1인당 2개의 심벌즈를 나누어 준다. – 옆 사람과 부딪히지 않게 거리를 두고 앉는다. ■ 활동지도 1 ① 참가자들이 원을 만들어 앉도록 한다. ② 심벌즈를 보고 생각나는 그것에 관해 이야기한다. ③ 심벌즈를 돌아가며 한 번씩 친다. ■ 활동지도 2 – 준비자세 : 심벌즈를 양손에 낀다. ① 심벌즈를 비껴친 후 오른손을 들어 올려 양손이 사선이 되게 한다. 같은 동작을 반대로 반복한다. (4박자×2) ② 심벌즈 가슴 앞에서 한번치고 양팔을 벌려 손목을 돌려준다. (4박자×2) ③ 심벌즈를 한번치고 오른손↑ 왼손→ 같은 동작을 반대로 한다. (4박자×2)	30′

전개	④ 심벌즈의 위치를 단전 근처에 마주놓고 한번 친 후 오른손부터 크게 원을 그린다. 왼손도 반복한다.(4박자×2)	30′
마무리	■ 마음체조 (3페이지 QR코드 참고) ■ 마무리 인사 후 정리 ♬우리 모두 다 같이 두 손을 챙챙! ♬우리 모두 다 같이 두 손을 챙챙! ♬우리 모두 다 같이 즐거웁게 두 손을 ♬우리 모두 다 같이 두 손을 챙챙!	15′
준비물	심벌즈	

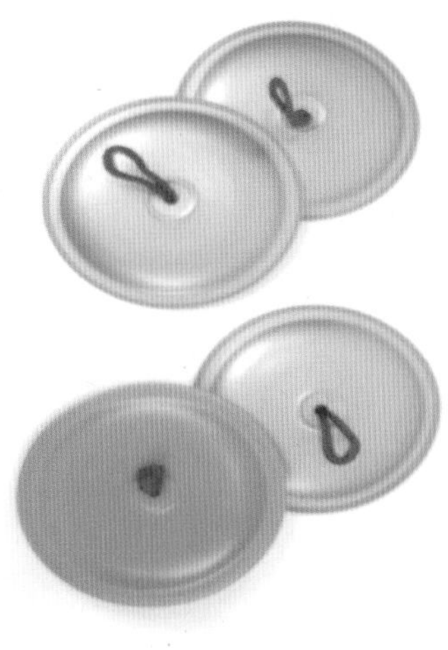

3-07 음악·신체인지

7차시 숟가락 난타

학습 목표
1. 난타용 숟가락의 사용방법을 알 수 있다.
2. 숟가락 활동을 통하여 우리의 옛 리듬을 찾아본다.

단계	내용	시간
도입	■ 인사 나누기 ♬우리 모두 다 같이 맛있게 냠냠! ♬우리 모두 다 같이 맛있게 냠냠! ♬우리 모두 다 같이 즐거웁게 맛있게 ♬우리 모두 다 같이 맛있게 냠냠! 오늘은 우리 다 같이 숟가락을 이용하여 신나는 동작을 해 보도록 하겠습니다. ■ 난타용 숟가락의 사용방법 난타용 숟가락의 사용은 스위스 민속 악기인 WOOD SPOON에서 시작되었다. 요즘 한창 유행하는 트로트에 적용하면 아주 신나게 연주할 수 있는 리듬악기가 된다. 누구나 쉽게 구할 수 있는 숟가락 두 개를 부딪쳐 소리를 내는 악기이다. 쇠로 된 숟가락은 오랜 시간 사용하게 되면 손목이 아플 수도 있어 나무로 만든 숟가락을 이용하는 것이 좀 더 수월하다. ■ 뇌건강 손 유희 (3페이지 QR코드 참고)	15′
전개	■ 활동 준비 – 숟가락 2개씩을 나누어 준다. ■ 활동지도 1 ① 숟가락을 들고 각자의 먹고 싶은 음식을 이야기해 본다. ② 숟가락으로 바닥을 치면서 소리를 들어 본다. ■ 활동지도 2 – 숟가락 두 개를 서로 등을 마주 댄다. 그 사이에 검지손가락을 껴서 잡는다. – 고향의 봄, 퐁당포당 등 어르신들이 좋아하는 노래를 부르며 함께 한다. ① 왼쪽 허벅지 한 번, 왼쪽 손바닥 한 번(왼쪽 방향) ② 왼쪽 허벅지 한 번, 왼쪽 손바닥 한 번(오른쪽 방향) ※ 2박자에 1번 치기(①②를 한 번 더 반복) ③ 왼쪽 허벅지 두 번, 왼쪽 손바닥 두 번(왼쪽 방향) ④ 왼쪽 허벅지 두 번, 왼쪽 손바닥 두 번(오른쪽 방향) ※ 1박자에 1번 치기(③④을 한 번 더 반복) ⑤ 왼쪽 허벅지 두 번, 오른쪽 허벅지 두 번(1회 반복)	30′

전개	⑥ 왼쪽 위 손바닥 두 번, 오른쪽 위 두 번(1회 반복) ⑦ 내 손바닥 한 번, 짝꿍 손바닥 한 번(1회 반복) ⑧ 내 손바닥 두 번, 짝꿍 손바닥 두 번(1회 반복)	30′
마무리	■ 마음체조 (3페이지 QR코드 참고) ■ 마무리 인사 후 정리 ♬우리 모두 다 같이 맛있게 냠냠! ♬우리 모두 다 같이 맛있게 냠냠! ♬우리 모두 다 같이 즐거웁게 맛있게 ♬우리 모두 다 같이 맛있게 냠냠!	15′
준비물	숟가락	

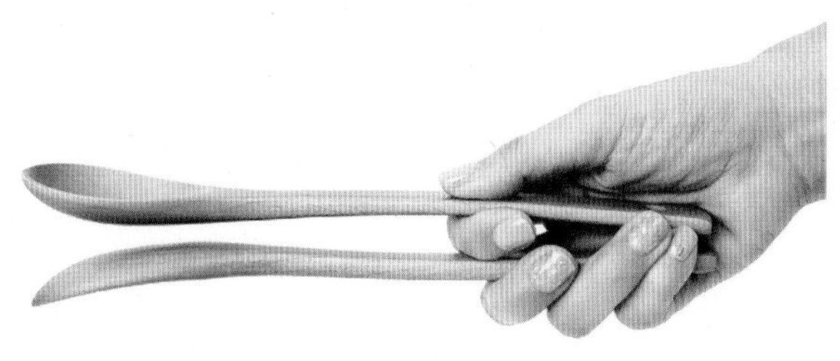

3-08 음악·신체인지

8차시 싱글벙글 접시

학습 목표
1. 접시를 사용하여 다양한 인지 활동을 할 수 있다.
2. 접시 활동을 통하여 집중력과 리듬감을 향상시킬 수 있다.

단계	내용	시간
도입	■ 인사 나누기 ♬우리 모두 다 같이 웃어요 싱글벙글! ♬우리 모두 다 같이 웃어요 싱글벙글! ♬우리 모두 다 같이 즐거웁게 웃어요 ♬우리 모두 다 같이 웃어요 싱글벙글! 오늘은 접시를 이용하여 손목운동과 접시 체조를 하겠습니다. ■ 도구 탐색 누구나 쉽게 구할 수 있는 일회용 접시 또는 플라스틱 접시를 사용하여 돌리거나 흔들면서 손아귀의 힘을 기르고, 접시 활동을 통하여 다양한 동작을 경험할 수 있다. ■ 뇌건강 손 유희 (3페이지 QR코드 참고)	15′
전개	■ 활동 준비 – 접시를 2개씩 나눠준다. – 신나고 경쾌한 댄스 음악을 준비한다. ■ 활동지도 1 ① 접시를 양손에 잡고 두드려본다. ② 접시를 양손에 잡고 둥글게 안으로 밖으로 돌려본다. ■ 활동지도 2 – 준비자세 : 양손에 접시를 잡는다. ① 4박자 동안 오른손은 머리 위, 왼손은 가슴 옆에 접시를 든다. 같은 동작을 반대로 한다.(4박자×2) ② 접시로 얼굴을 가리고 손목을 돌려 얼굴 옆 양쪽에 놓는다.(까꿍동작)(2박자×2) ③ 접시를 얼굴 앞에서 2번 치고 양손을 머리 위 만세를 한다.(2박자×2) ④ 접시를 얼굴 앞에서 2번 치고 양손을 아래로 벌린다.(2박자×2)	30′

마무리	■ 마음체조 (3페이지 QR코드 참고) ■ 마무리 인사 후 정리 ♬우리 모두 다 같이 웃어요 싱글벙글! ♬우리 모두 다 같이 웃어요 싱글벙글! ♬우리 모두 다 같이 즐거웁게 웃어요 ♬우리 모두 다 같이 웃어요 싱글벙글!	15′
준비물	플라스틱 접시	

3-09 음악·신체인지

9차시 리듬 스틱

학습 목표
1. 드럼스틱으로 리듬감을 향상시킨다.
2. 드럼스틱 활동을 통하여 손과 발의 두 부위를 다 이용하여 신체인지능력을 키운다.

단계	내용	시간
도입	■ 인사 나누기 ♬우리 모두 다 같이 발 굴러 쿵쿵! ♬우리 모두 다 같이 발 굴러 쿵쿵! ♬우리 모두 다 같이 즐거웁게 발 굴러 ♬우리 모두 다 같이 발 굴러 쿵쿵! 오늘은 스틱을 두드려 리듬 스틱, 드럼 동작을 익히고 창작활동을 하겠습니다. ■ 악기 탐색 드럼은 신나기는 하나 이동하기가 불편하다. 드럼 스틱만을 사용하여 신나는 음악에 맞춰 오른손과 왼손을 이용하여 박자를 맞추다 보면 덩실덩실 어깨춤이 절로 나온다. 양손을 사용하기 때문에 뇌 운동에도 도움을 주는 매우 좋은 음악 체조 도구이다. ■ 뇌건강 손 유희 (3페이지 QR코드 참고)	15′
전개	■ 활동 준비 – 스틱을 2개씩 나눠준다. – 옆 사람과 부딪혀 다칠 수 있으므로 거리를 두고 서게 한다. ■ 활동지도 1 ① 두 개의 스틱을 겹쳐서 양손으로 스틱의 끝과 끝을 잡고 목뒤에 놓고 스트레칭을 해 본다. ② 오른쪽, 왼쪽으로 고개를 돌려주고 고개를 뒤로 쭉 늘려준다. ③ 머리를 앞으로 깊이 숙여주며 스틱으로 목덜미를 눌러준다. ■ 활동지도 2 – 준비자세 : 양손에 스틱을 잡는다 ① 오른쪽 사선에서 양손 두드리기 4번 왼쪽 사선에서 양손 두드리기 4번 ② 머리위에서 양손으로 교차하기 4번 아래에서 양손으로 교차하기 4번	30′

전개	③ ①번 동작을 2번씩만 친다. ④ ②번 동작을 2번씩만 친다. ⑤ ① ② 동작을 1번씩 친다 (×2)	30′
마무리	■ **마음체조** (3페이지 QR코드 참고) ■ **마무리 인사 후 정리** ♬우리 모두 다 같이 발 굴러 쿵쿵! ♬우리 모두 다 같이 발 굴러 쿵쿵! ♬우리 모두 다 같이 즐거웁게 발 굴러 ♬우리 모두 다 같이 발 굴러 쿵쿵!	15′
준비물	리듬 스틱	

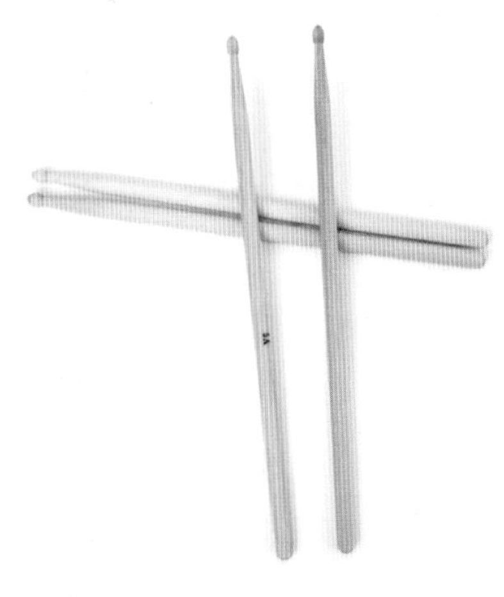

3-10 음악·신체인지

10차시 덩더쿵! 소고

학습 목표
1. 우리의 전통악기인 소고의 유래를 알 수 있다.
2. 소고 활동을 통하여 양손의 근육을 발달시키고, 청각자극을 통한 인지능력 향상을 도모한다.

단계	내용	시간
도입	■ 인사 나누기 ♬우리 모두 다 같이 얼씨구! 절씨구! ♬우리 모두 다 같이 얼씨구! 절씨구! ♬우리 모두 다 같이 즐거웁게 얼씨구! ♬우리 모두 다 같이 얼씨구! 절씨구! 우리나라의 전통악기인 소고로 우리 춤사위를 배워보겠습니다. ■ 악기 탐색 소고(小鼓)는 이름 그대로 작은 북을 지칭하지만, 지역에 따라 명칭이나 크기가 다르다. 예전에는 마을에서 자체적으로 악기를 만들어서 사용했기 때문에 크기나 모양이 다를 수밖에 없었다. 소고를 직접 제작할 경우, 생활 도구인 체의 둥근 틀을 이용했다. 가죽이 흔치 않아 천으로 가죽을 대신하기도 했다. 천을 그대로 사용하면 소리가 전혀 나지 않기 때문에 기름을 먹여 말리기를 반복하고 양초로 빈틈을 메꾸어 딱딱하게 만들어 악기로 활용했다. 소고 대신에 '법고', '벅구'라고도 불린다. ■ 뇌건강 손 유희 (3페이지 QR코드 참고)	15′
전개	■ 활동 준비 – 소고와 채를 하나씩 나눠준다. ■ 활동지도 1 ① 왼손에 소고를 들고 오른손에는 소고채를 든다. ② 소고의 북면과 태를 쳐보고 소리를 들어본다. ③ 옆 사람과 짝을 지어 상대방의 소고를 쳐본다. ■ 활동지도 2 – 준비 자세 : 왼손에 소고, 오른손에 소고채를 잡는다. ① 소고를 두 번치고 양손으로 크게 원을 그린다. 2박자에 맞춰 소고 1번 치고 오른쪽으로 한 발 움직이며 채는 머리위 소고는 허리에 둔다. 같은 동작을 2번 반복한다. (4박자×2)	30′

전개	② ①을 반복해서 왼쪽으로 이동한다. ③ 오른쪽 위에서 2박자에 1번 치기고, 왼쪽 위에서 2박자에 1번 친다. 같은 동작은 아래에서 반복한다.(8박자×2) ④ 앞에서 북면을 2박자에 1번 치고, 위에서 태를 2박자에 2번 친다.(4박자×4)	30′
마무리	■ **마음체조** (3페이지 QR코드 참고) ■ **마무리 인사 후 정리** ♬우리 모두 다 같이 얼씨구! 절씨구! ♬우리 모두 다 같이 얼씨구! 절씨구! ♬우리 모두 다 같이 즐거웁게 얼씨구! ♬우리 모두 다 같이 얼씨구! 절씨구!	15′
준비물	소고	

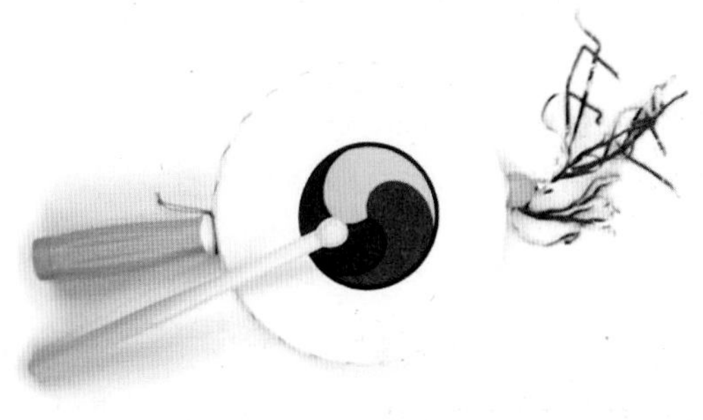

4장 창의인지

목표

창의적인 작품을 만들어 내는 과정에서 가급적 손을 많이 사용하여 개인의 인지적 사고능력을 자극한다. 새롭고 독창적인 결과물을 통해 성취감을 얻음으로써 자존감을 높인다.

개인별 상태를 정확히 파악하고 무리가 가지 않는 범위에서 적절히 조절해 실시하며, 어르신들이 좀 더 밝고 긍정적인 마음을 가질 수 있도록 돕는다.

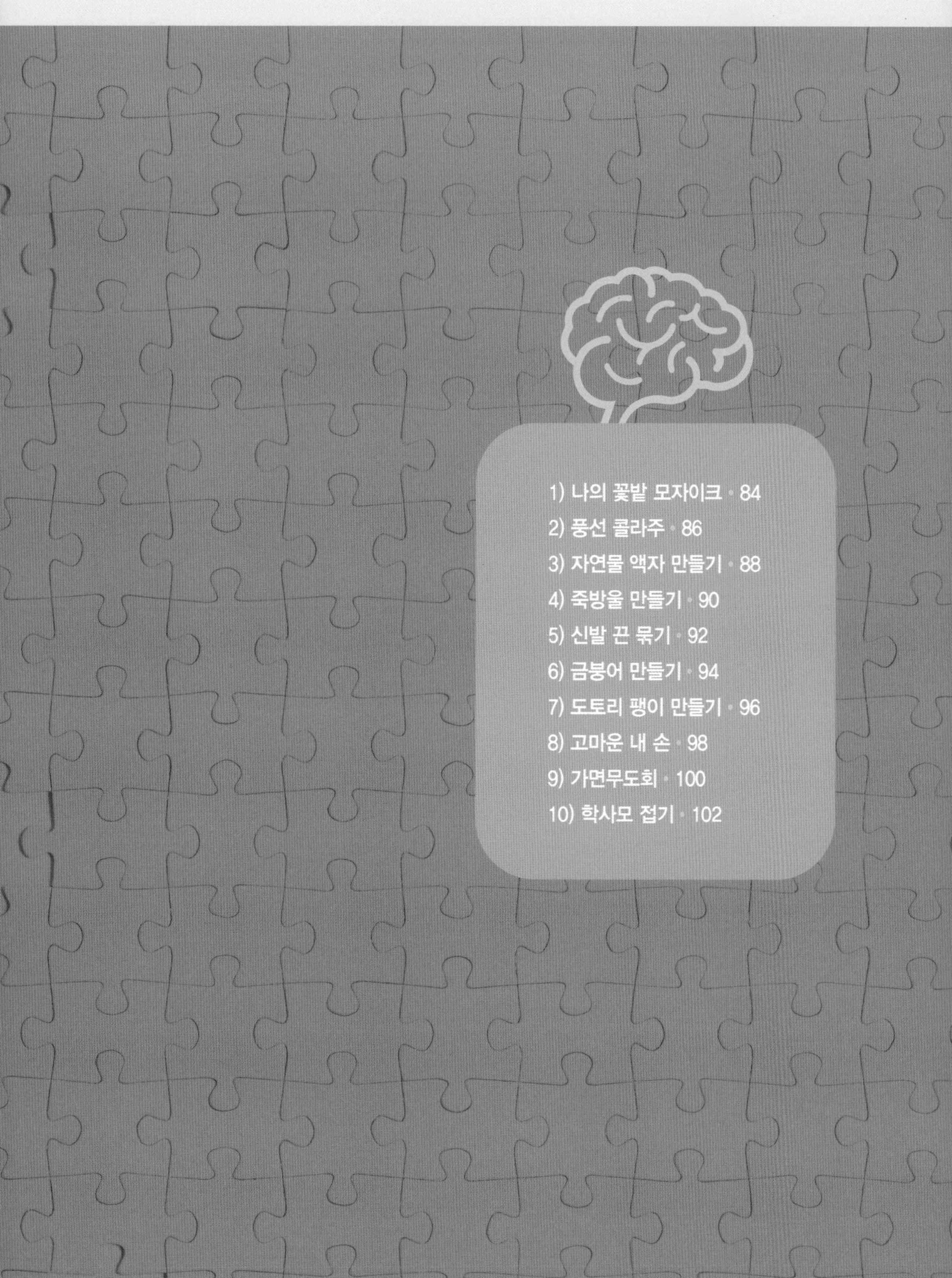

4장 창의인지

4-01 창의인지

1차시 나의 꽃밭 모자이크

학습 목표
1. 계절마다 피는 꽃의 종류를 인지할 수 있다.
2. 모자이크 활동으로 소근육 향상 및 시지각능력을 높일 수 있다.

단계	내용	시간
도입	■ **인사 나누기** ♬우리 모두 다 함께 인사해! “반짝” 모자이크란 자갈이나 대리석 또는 도자기 편, 유리, 종이 등 쓰이는 재료를 잘게 조각내어 건물 바닥이나 벽 등에 어떠한 형상을 표현하는 예술 장르입니다. 오늘 모자이크 예술가로 아름다운 우리들의 꽃밭을 표현해 보겠습니다. 내가 가장 좋아하는 꽃은 어떤 꽃인지도 생각해 볼까요? ■ **뇌건강 체조** (3페이지 QR코드 참고)	15′
전개	■ **활동 준비** ① 꽃밭 밑그림은 되도록 간단한 그림으로 한다. ② 두 명으로 팀을 이뤄 꽃밭 밑그림이 인쇄된 종이와 색종이, 풀을 나눠준다. ■ **활동지도** ① 사계절 꽃에 관해 이야기해보고, 본인이 좋아하는 꽃에 관해서도 이야기한다. ② 밑그림에 각자 좋아하는 색으로 색종이를 찢어 붙이기를 하며 그림을 완성한다. (빈 곳에 본인이 좋아하는 꽃이나 사물을 더 붙일 수 있도록 한다.) ③ 각자 완성된 그림을 들고 작품설명을 한다. ④ 모두 완성된 작품을 들고 ‘꽃밭에서’, ‘고향의 봄’을 부르며 다른 사람의 작품도 감상한다.	30′

마무리	■ **창의박수** ♬우리 모두 다 함께 인사해! "반짝" ■ **반짝 체조** (3페이지 QR코드 참고) ■ **마무리 인사 후 정리**	15′
준비물	꽃밭 밑그림 (A4), 색종이, 풀	

나의 꽃밭 모자이크 (4-01)

(사진 - 준비물과 완성된 작품)

4-02 창의인지

2차시 풍선 콜라주

학습 목표
1. 풍선의 다양한 색 감각을 키우고 색깔의 연상 단어를 통해 능력을 향상시킨다.
2. 풍선 콜라주 활동과 스토리텔링 활동을 통해 언어구사능력을 높인다.

단계	내용	시간
도입	■ 인사 나누기 ♬우리 모두 다 함께 인사해! "반짝" 콜라주의 어원은 '풀칠하다'로 잡지, 신문과 책의 스크랩, 리본, 페인트, 천, 나뭇조각 등 작가의 의도를 표현할 수 있는 모든 물체를 붙여 구성하는 회화 기법입니다. 오늘은 풍선에 스티커를 활용해 콜라주 해 보도록 하겠습니다. ■ 뇌건강 체조 (3페이지 QR코드 참고)	15′
전개	■ 활동 준비 – 풍선 1개와 각 모양의 스티커를 나눠준다. ■ 활동지도 ① 먼저 풍선을 배구공 정도의 크기로 불도록 하고 학습자가 풍선을 불 수 없을 경우 풍선 펌프를 활용하여 대신 불어준다. ② 본인의 얼굴을 생각하며 스티커로 얼굴 꾸미기를 한다. ③ 다 만들어진 풍선 얼굴을 보며 본인의 어떤 표정인지, 어떤 생각을 하고 있는지에 대해 이야기한다. (옆에 있는 학습자가 같이 공감할 수 있도록 분위기를 조성한다.) ④ 풍선 얼굴에 관한 이야기를 마치면 즐거운 표정은 옆 사람에게 함께 즐거울 수 있도록, 슬프거나 나쁜 표정은 절대로 그런 표정을 짓지 말라는 의미로 흥겨운 노래를 부르며 같은 방향으로 풍선 돌리기를 한다. ⑤ 풍선 돌리기를 마치면 두 명씩 짝을 지어 풍선 배드민턴을 하는데 풍선을 칠 때마다 "웃자", "하하하"도 함께 하며 진행자는 "나쁜 기억은 모두 던져 버리고 좋은 일만 생길 거야."라고 말해준다.	30′
마무리	■ 창의 박수 ♬우리 모두 다 함께 인사해! "반짝" ■ 반짝 체조 (3페이지 QR코드 참고) ■ 마무리 인사 후 정리	15′

준비물 풍선, 스티커 (하트, 별, 원 등의 모양), 부채(또는 접시)

풍선 콜라주 (4-02)

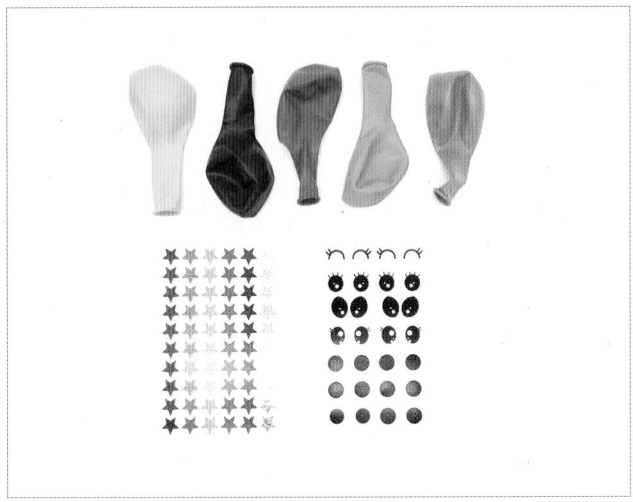

4–02 준비물

4–02 완성

4-03 창의인지

3차시 자연물 액자 만들기

학습 목표
1. 생활 속 자연물에 대하여 알아보고, 자연물 액자의 구성과 활용에 대한 창의적 사고 능력을 키운다.
2. 자연물 액자 만들기 활동으로 공간지각 능력을 높일 수 있다.

단계	내용	시간
도입	■ 인사 나누기 ♬우리 모두 다 함께 인사해! "반짝" 우리 주변에서 흔히 볼 수 있는 자연물을 감각적으로 탐색하고, 자연과 상생하는 나의 주변을 생각해 본다. 화병에 꽂혀있는 꽃, 집안 곳곳에 놓여있는 반려 식물, 텃밭에 심은 상추, 고추, 나무 등을 떠올리며 나눠드린 자연물을 탐색하고, 액자를 구성해 본다. ■ 뇌건강 체조 (3페이지 QR코드 참고)	15′
전개	■ 활동 준비 – 준비물을 나눠 준다. ■ 활동지도 ① 본인의 재료로 대강의 붙일 위치를 잡고 시작할 수 있도록 한다. ② 목공풀은 붙이는 공간만큼만 조금씩 바르도록 한다. ③ 공간을 남기거나, 겹쳐 붙여도 붙이는 것에 대한 규칙은 두지 않는다. ④ 완성된 후 재료에 대한 추억을 이야기하고, 어떤 사진을, 누구의 사진을 넣을 것인지, 그 이유에 대해 한 사람씩 이야기한다. ⑤ 본인의 사진을 넣고 싶다고 하면 작품을 들고 사진도 찍어 본다.	30′
마무리	■ 창의 박수 ♬우리 모두 다 함께 인사해! "반짝" ■ 반짝 체조 (3페이지 QR코드 참고) ■ 마무리 인사 후 정리	15′
준비물	반제품 나무 액자, (계절에 맞는) 나뭇가지, 솔방울, 마른 꽃, 나뭇잎, 조개껍질, 목공풀 등.	

자연물 액자 만들기 (4-03)

4-03 준비물

4-03 완성

4-04 창의인지

4차시 죽방울 만들기

학습 목표
1. 전래놀이 도구인 죽방울의 유래 및 재료의 쓰임새에 대하여 인지할 수 있다.
2. 죽방울 놀이 활동으로 주의집중력을 높일 수 있다.

단계	내용	시간
도입	■ **인사 나누기** ♬우리 모두 다 함께 인사해! "반짝" 죽방울 놀이는 신라 시대부터 전해져온 전통 놀이이다. 보부상이 호객 행위의 일환으로 사용하였고, 장구 모양에 끈이 달려 던져 받기를 하는 놀이이다. 중국에서는 콩쥬라 하며, 일본에서는 캔다마라 불리어 집니다. 우리 오늘 멋진 죽방울을 만들어 놀아볼까요? ■ **뇌건강 체조** (3페이지 QR코드 참고)	15′
전개	■ **활동 준비** – 개인 준비물을 나눠 준다. ■ **활동지도** ① 먼저 색종이를 찢어 종이컵 꾸미기를 한다. (형식 없이 마음대로 꾸밀 수 있도록 한다.) ② 시중에 나와 있는 스티커나 문양지를 붙이기보다 찢어 붙이기를 함으로써 집중력과 소근육 운동을 할 수 있도록 한다. ③ 종이컵 꾸미기를 마치고 실 한쪽은 죽방울을, 다른 한쪽은 나무젓가락 끝 부분에 묶는다. ④ 실이 묶인 나무젓가락 부분을 컵 밑으로 가도록 하여 접착제로 붙인다. ⑤ 나무젓가락 끝부분을 잡고 방울을 공중으로 올려 컵 안으로 들어가도록 한다. ⑥ 죽방울이 컵 안으로 들어가면 "참 잘했어요."라는 칭찬을, 안 들어가면 "으라차차"라는 응원을 한다.	30′
마무리	■ **창의 박수** ♬우리 모두 다 함께 인사해! "반짝" ■ **반짝 체조** (3페이지 QR코드 참고) ■ **마무리 인사 후 정리**	15′
준비물	종이컵, 색종이, 풀, 솔방울(약간의 무게가 있는 둥근 물체), 나무젓가락, 실	

죽방울 만들기 (4-04)

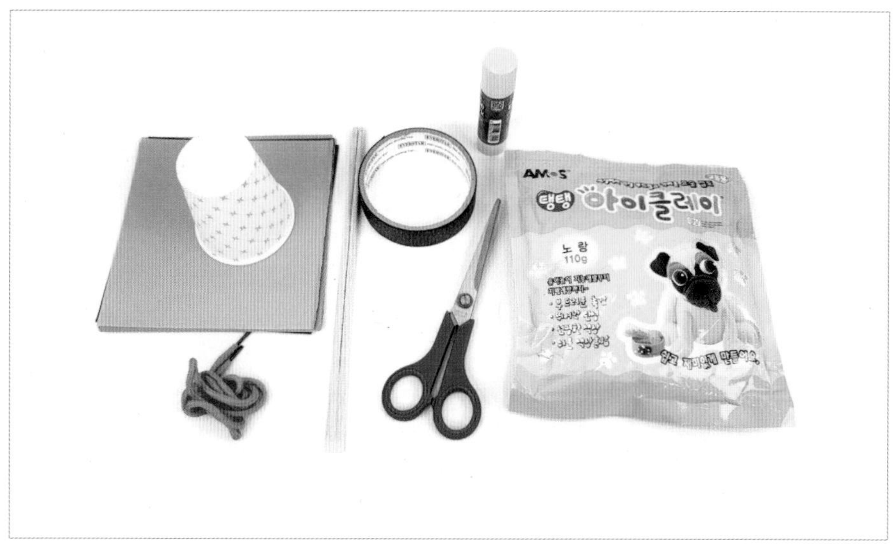

4-04 준비물

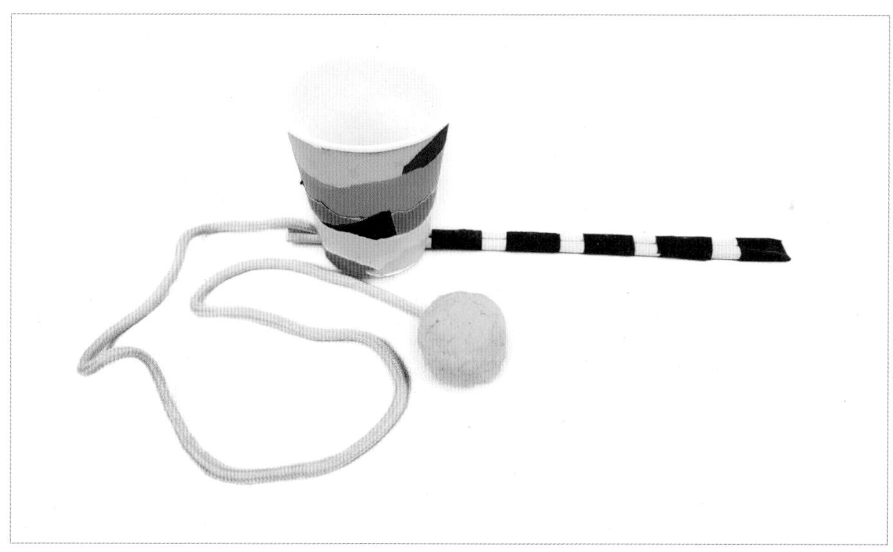

4-04 완성

4-05 창의인지

5차시 신발 끈 묶기

학습 목표
1. 신발 끈 묶기 활동으로 손과 눈의 협응력을 향상시킬 수 있다.
2. 다양한 끈 활용 활동을 통해 문제해결 능력을 높일 수 있다.

단계	내용	시간
도입	■ **인사 나누기** ♬우리 모두 다 함께 인사해! "반짝" 신발은 뜨거운 사막의 모래, 차가운 눈밭, 자갈밭, 거친 가시밭길에서 우리의 발을 보호하는 최초의 교통수단이었다고 할 수 있다. 나와 함께 여행을 떠날 신발을 만들어 다양한 방법의 끈을 연출하여 나만의 여행 신발을 만들어 봅시다. ■ **뇌건강 체조** (3페이지 QR코드 참고)	15′
전개	■ **활동 준비** – 구멍이 뚫린 종이 신발을 두 장씩 주고 운동화 끈과 색연필도 나눠준다. ■ **활동지도** ① 나만의 종이 신발에 색연필로 꾸밀 수 있도록 지도한다. ② 그림을 다 그린 후, 다양한 방법의 신발 끈 꿰기를 설명한다. ③ 각 신발을 다른 모양으로 꿰도록 하고 완성품을 발 앞에 둔다. ④ 완성된 신발을 보고 다양한 주제로 이야기한다. – 예쁜 신발을 신고 어디를 가고 싶은가? – 누구와 가고 싶은가? – 누구에게 선물하고 싶은가?	30′
마무리	■ **창의 박수** ♬우리 모두 다 함께 인사해! "반짝" ■ **반짝 체조** (3페이지 QR코드 참고) ■ **마무리 인사 후 정리**	15′
준비물	하드보드지 (구멍이 뚫린 신발 모양), 운동화 끈, 색연필	

신발 끈 묶기 (4-05)

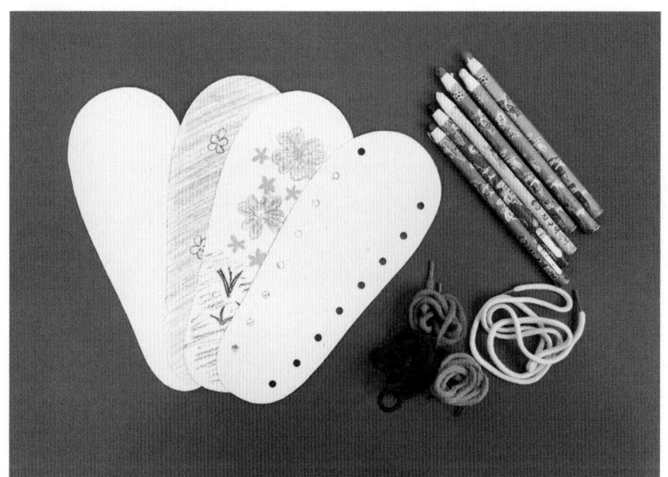

4–05 준비물

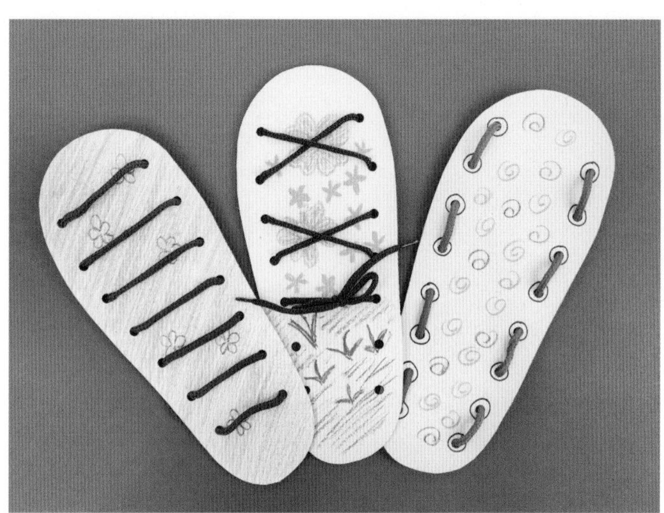

4–05 완성

4-06 창의인지

6차시 금붕어 만들기

학습 목표
1. 물고기의 종류 및 만들기 재료의 개별 쓰임새를 인지할 수 있다.
2. 완성된 작품을 통한 스토리텔링으로 언어능력을 키울 수 있다.

단계	내용	시간
도입	■ **인사 나누기** ♬우리 모두 다 함께 인사해! "반짝" 관상용인 금붕어는 1600년대부터 세계적으로 퍼져나가기 시작했다 합니다. 남유럽에서는 화려한 외모를 가진 금붕어가 행운의 상징이었고, 금붕어 꿈을 꾸면 결혼을 상징한다고들 합니다. 금빛 찬란한 금붕어를 만들어 나에게 직접 행운을 선물해 보도록 하겠습니다. ■ **뇌건강 손 유희** (3페이지 QR코드 참고)	15′
전개	■ **활동 준비** – 각 재료를 개별로 나눠준다. ■ **활동지도** ① 비닐봉지에 스타핑을 ⅔정도 채운다. ② 끝은 빵 끈으로 묶는다. ③ 앞부분 모서리 한쪽 끝은 뒤로 넘겨 테이프로 붙인다. ④ 적당한 위치에 눈알을 붙인다. ⑤ 색종이를 오려 주둥이와 아가미 비늘을 붙인다. ⑥ 꼬리와 몸통 부분에 비늘을 그려 완성한다. ⑦ 본인이 어떤 물고기를 상상하며 만들었는지 이야기한다. ⑧ 클립과 자석을 이용하여 낚시 놀이를 한다.	30′
마무리	■ **창의 박수** ♬우리 모두 다 함께 인사해! "반짝" ■ **반짝 체조** (3페이지 QR코드 참고) ■ **마무리 인사 후 정리**	15′
준비물	비닐봉지, 눈알, 목공용 풀, 포장용 스타 핑, 빵끈, 색종이, 매직펜, 투명테이프, 클립, 낚싯대(나무젓가락), 자석	

금붕어 만들기 (4-06)

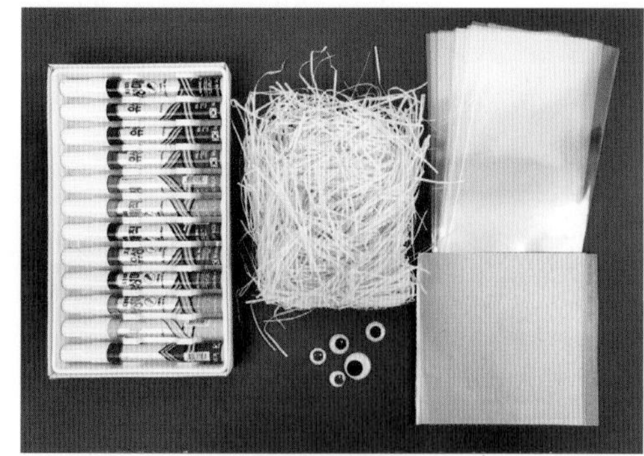

4–06 준비물

4–06 금붕어 완성

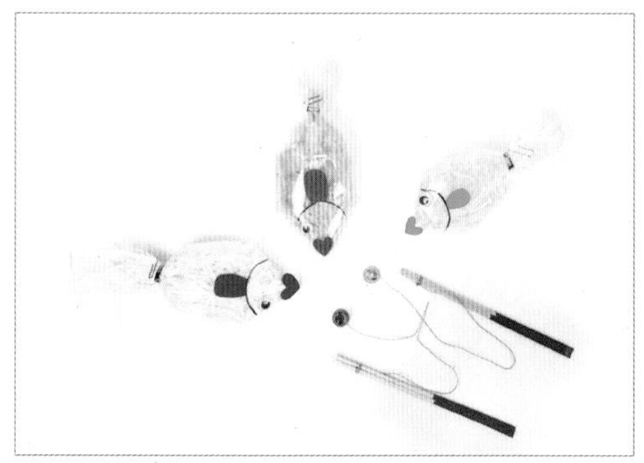

4–06 낚시 놀이 준비

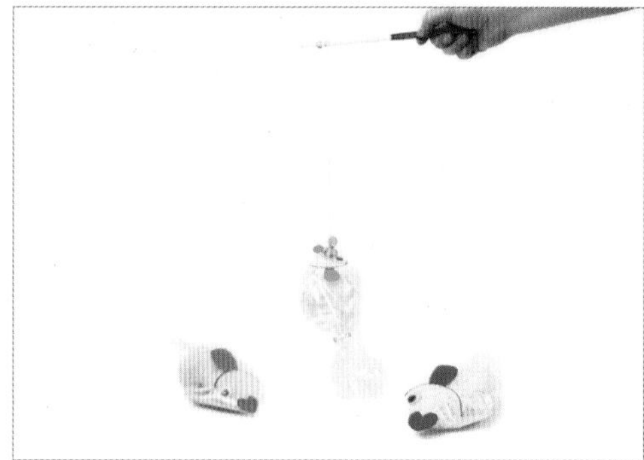

4–06 낚시 놀이

4-07 창의인지

7차시 도토리 팽이 만들기

학습 목표
1. 도토리 팽이를 관찰하고 색칠 활동으로 색깔의 변화를 인지할 수 있다.
2. 다양한 도토리팽이 활동으로 공간지각능력을 키울 수 있다.

단계	내용	시간
도입	■ **인사 나누기** ♬우리 모두 다 함께 인사해! "반짝" 팽이는 도토리나 상수리 따위를 돌리며 장난한 놀이에서 비롯되어 전해졌다고 합니다. 조선 시대에는 '핑이' 핑이는 어떤 물체가 빙빙 돈다는 뜻에서 파생된 말로 볼 수 있습니다. 평안도는 세리, 세루, 함경도는 봉애, 방애, 경상도는 빵이, 핑딩, 전라도에서는 뺑돌이, 제주도는 도래기로 부르기도 합니다. 우리 각자 고향의 방언으로 추억의 팽이를 만들어 볼까요? ■ **뇌건강 손 유희** (3페이지 QR코드 참고)	15′
전개	■ **활동 준비** – 도토리 팽이를 2개씩 나누어주고, 유성 매직펜 또는 색연필을 나눠준다. ■ **활동지도** ① 도토리 팽이에 유성 매직 또는 색연필로 색칠하도록 한다. ② 한 번씩 돌려보며 예쁜 모양과 색으로 색칠할 수 있도록 한다. ③ 다 색칠한 팽이를 옆 사람과 같이 돌려 본다. ④ 팽이를 손바닥에 올려 돌려본다. ⑤ 팽이를 돌린 후 종이에 올려서 돌리기를 한다. ⑥ 동시에 돌려서 누구 팽이가 제일 오래가는지 보고, 누구 팽이가 제일 예쁜지도 이야기한다. ⑦ 팽이를 거꾸로 돌려보기도 한다. (거꾸로 돌려보면서 진행자는 생각의 전환에 대하여 이야기 해 준다.) ⑧ 팽이에 얽힌 추억이 있는 학습자는 그 추억을 발표하도록 한다.	30′
마무리	■ **창의 박수** ♬우리 모두 다 함께 인사해! "반짝" ■ **반짝 체조** (3페이지 QR코드 참고) ■ **마무리 인사 후 정리**	15′
준비물	도토리 팽이, 매직펜 세트, A4용지	

도토리 팽이 만들기 (4-07)

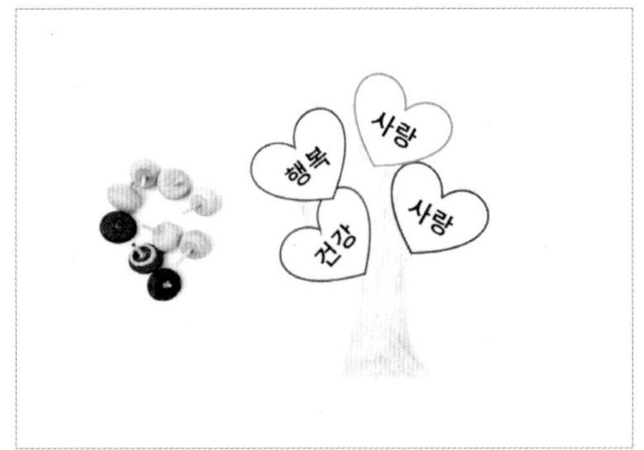

4–07 활동준비물

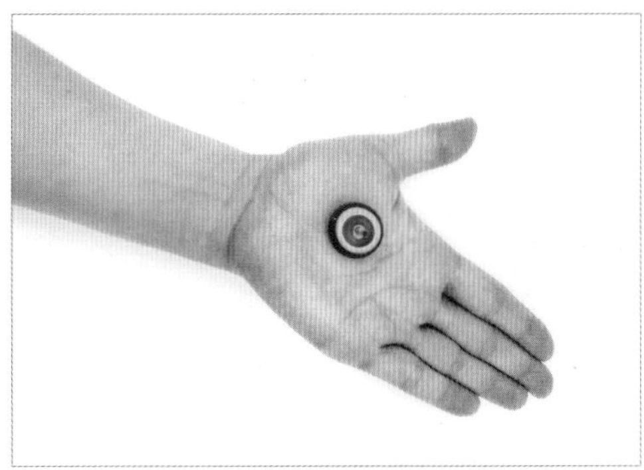

4–07 활동지도 ④

4–07 활동지도⑤

4–07 팽이 거꾸로 돌리기 ⑦

4-08 창의인지

8차시 고마운 내 손

학습 목표
1. 사람손의 쓰임새에 대해 이야기를 나눈다.
2. 강냉이로 만든 손에 관해 이야기함으로써 어휘력을 향상할 수 있다.

단계	내용	시간
도입	■ **인사 나누기** ♬우리 모두 다 함께 인사해! "반짝" 신체에 있어서 손은 의사소통 및 기술력, 솜씨와 같은 수완 등 손은 위생과도 밀접한 연관성을 가지고 있습니다. 나에게 있어서 무척이나 고마운 손을 강냉이로 표현해 보고, 고마운 감정에 관하여 이야기를 나눠 보도록 하겠습니다. ■ **뇌건강 손 유희** (3페이지 QR코드 참고)	15′
전개	■ **활동 준비** – 비닐장갑 두 장과 매직펜을 나누어 준다. ■ **활동지도** ① 비닐장갑 끝을 손톱이라고 생각하고 매니큐어 대신 매직펜으로 그리게 한다. ② 다 그린 장갑 안에 하나는 강냉이의 수를 세어가며 넣어보고, 하나는 쌀 튀밥을 넣고 끝을 끈으로 묶는다. ③ 두 개의 만들어진 손안에 든 내용물에 대해 이야기 해 본다. ④ 강냉이로 만든 손을 내 손이라고 생각하고 울퉁불퉁한 그 손으로 얼마나 많은 일을 했는지, 어떤 일을 했는지 돌아가며 이야기한다. ⑤ 쌀 튀밥을 넣은 손은 내가 생각했던 젊은 날의 꿈을 얘기하고 젊은 시절로 돌아간다면 어떤 일을 하고 싶은가에 관해 이야기 나눈다.	30′
마무리	■ **창의 박수** ♬우리 모두 다 함께 인사해! "반짝" ■ **반짝 체조** (3페이지 QR코드 참고) ■ **마무리 인사 후 정리**	15′
준비물	강냉이, 쌀 튀밥, 일회용 비닐장갑, 끈, 매직펜	

고마운 내 손(강냉이) (4-08)

4-08 준비물

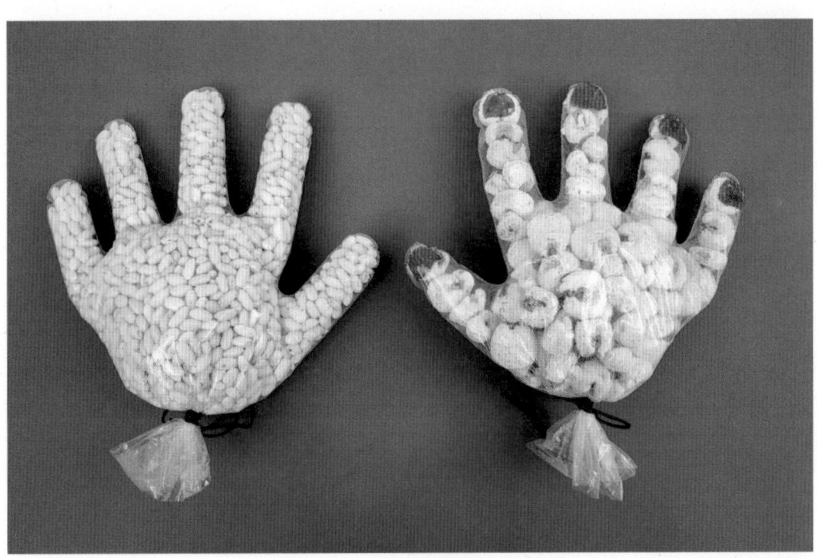

4-08 완성

4-09 창의인지

9차시 가면무도회

학습 목표
1. 또 다른 나의 얼굴을 상상해 봄으로써 상상력을 자극한다.
2. 다양한 도구를 활용한 가면 꾸미기를 통해 시지각 능력을 키울 수 있다.

단계	내용	시간
도입	■ 인사 나누기 ♬우리 모두 다 함께 인사해! "반짝" 유럽의 전통 놀이 중 하나인 가면무도회는 이탈리아 베네치아에서 출발했습니다. 가면축제는 가면을 씀으로써 귀족이나 평민들이, 신분을 감춘 채 무도회를 즐긴 데서 유래하였다고 합니다. 우리도 가면무도회를 통해 또 다른 나로 새롭게 태어나 볼까요? ■ 뇌건강 손 유희 (3페이지 QR코드 참고)	15′
전개	■ 활동 준비 – 만들기 가면 한 개와 색연필, 큐빅 스티커, 깃털 등을 적당히 나눠준다. ■ 활동지도 ① "오늘은 당신이 가면무도회의 주인공"이라는 말과 함께 가면무도회에 관해 설명하고 가면을 꾸밀 수 있도록 한다. ② 모든 재료를 다 사용할 수 있도록 한다. ③ 만들기를 마치면 모두 가면을 쓰고 "오늘은 내가 주인공!"이라고 크게 외치며 사진 촬영을 한다. ④ 두 명씩 짝을 지어 본인이 꾸민 가면을 설명하고 가면을 옆 사람과 바꾼다. ⑤ 가면 바꾸기를 마치면 "오늘은 모두 주인공!"이라고 크게 외치며 마무리 한다.	30′
마무리	■ 창의 박수 ♬우리 모두 다 함께 인사해! "반짝" ■ 반짝 체조 (3페이지 QR코드 참고) ■ 마무리 인사 후 정리	15′
준비물	만들기 가면, 색연필, 큐빅 스티커, 깃털	

가면무도회 (4-09)

4-09 준비물

4-09 완성

4-10 창의인지

10차시 학사모 접기

학습 목표
1. 다양한 직업과 모자에 대해 알아보고, 모자 접기 순서를 숙지한다.
2. 직업군의 모자 만들기 활동을 통해 문제해결 능력을 높인다.

단계	내용	시간
도입	■ **인사 나누기** ♬우리 모두 다 함께 인사해! "반짝" 학사모는 그리스에서 유래했습니다. 졸업식에서 귀족들이 화려한 옷을 입고 졸업식에 왔는데 한 학생은 허름한 차림에 손에 네모난 흑판을 들고나와 귀족들이 야단을 쳤지만, 해당 교수는 "저 학생은 흑판을 손에 들고 열심히 일하기 위하여 사회로 떠나는 것이요"라고 말해 그때부터 졸업식에 사각모자를 썼다고합니다. 우리도 10번째 수업이 끝나는 오늘 사각 학사모를 만들어 또 다른 활동으로 나아가 볼까요. ■ **뇌 건강 손 유희** (3페이지 QR코드 참고)	15′
전개	■ **활동준비** – 색 한지를 한 장씩 나누어 준다. (만드는 과정은 QR코드를 참고하여 진행자가 숙지한다.) ■ **활동지도** ① 한 장의 종이로 해군모 → 주방장 모자 → 학사모의 순서대로 만들 것이라는 설명을 한다. ② 해군모를 만든 후 모두 쓰고, 서로에게 경례한 후, 바다에 대한 추억을 얘기하고 바다와 관련된 노래도 불러 본다. ③ 주방장 모자를 만든 후, 본인이 가장 잘하는 요리를 이야기해보고 요리법을 공유하며 같이 먹고 싶은 사람도 이야기한다. ④ 마지막으로 학사모를 설명하고 학사모를 접은 후, 실을 연결하여 학사모를 완성하여 모두 쓰고 프로그램의 마지막 시간을 서로 축하한다. ⑤ 진행자는 수료증을 준비하여 수여식을 한 뒤 개인 사진과 단체 사진을 찍고 모두 학사모를 위로 던지며 마무리한다.	30′
마무리	■ **창의 박수** ♬우리 모두 다 함께 인사해! "반짝" ■ **반짝 체조** (3페이지 QR코드 참고) ■ **마무리 인사 후 정리**	15′

준비물 색 한지, 실, 풀, 수료증

학사모 접기 (4-10)

4-10 해군모자

4-10 주방장 모자

4-10 학사모

5장
소통카드 인지

목표

대화를 통해 타인에게 고민을 털어놓는 것만으로 기분이 한결 나아지거나 긍정적인 생각을 가지게 될 때가 있다. 누군가에게 내 이야기를 전하는 행위는 갇힌 감정과 생각을 해소 할 수 있다. 여러종류의 표정카드, 그림카드, 숫자카드, 도형카드, 색깔카드 등을 활용하여 나의 감정을 정확하게 표현하는 소통능력을 키울 수 있다.

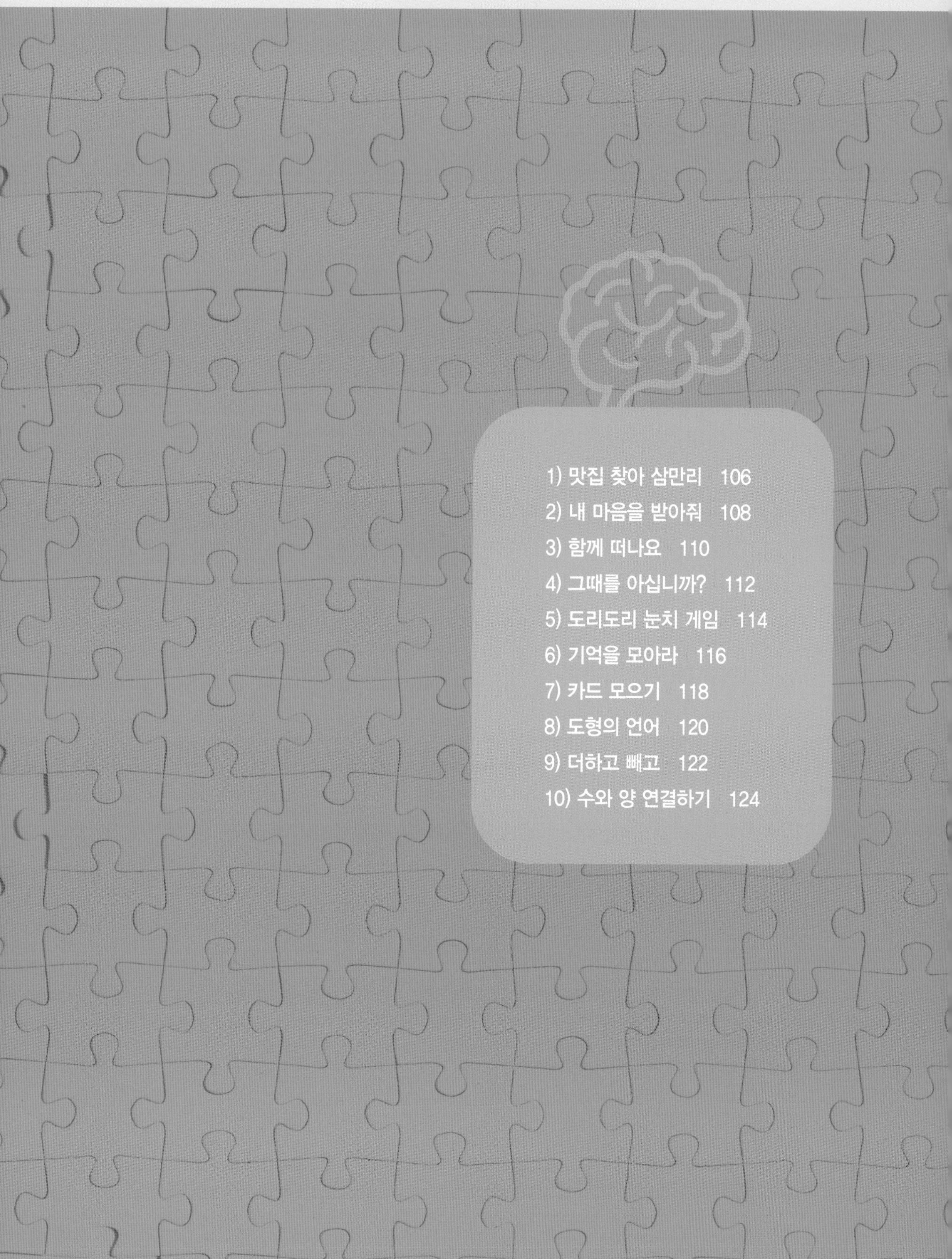

5장 소통카드 인지

5-01 소통카드인지

1차시 맛집 찾아 삼만리

학습 목표
1. 긍정적 마음가짐의 중요성을 이해할 수 있다.
2. 음식 카드 활동을 통하여 기억력과 언어능력을 향상시킬 수 있다.

단계	내용	시간
도입	■ 인사 나누기 대인관계에서 가장 먼저 실천되어야 하는 것은 긍정적인 마음가짐입니다. 오늘부터 우리 모두 항상 '잘될 거야', '할 수 있어'하는 마음을 갖도록 합니다. 늘 긍정적인 마음 잊지 마시고 오늘은 '긍정'하고 인사 나눠 보도록 하겠습니다. ♬우리 모두 다 같이 인사해 "긍정" 그런 의미에서 우리 모두 다 같이 긍정 박수 함께해요 8글자 긍정박수: 긍정 마음 실천해요 ■ 뇌건강 체조 (3페이지 QR코드 참고)	10′
	■ 인지 활동지 – 1단계 1차시 : 시지각능력 활동지 – 2단계 1차시 : 시지각능력 활동지	10′
전개	■ 활동 준비 – 음식 카드를 준비한다. – '인절미와 총각김치' 동요를 부르며 즐거운 수업 분위기를 만든다. ■ 활동지도 ♬ 우리 모두 다 같이 집중해 "긍정" ① 음식 카드를 한 장씩 나눠준다. ② 각자가 받은 음식 카드를 소개하고 주재료를 5가지 이야기한다. (예: 진행자는 카드 속에서 음식의 재료를 말할 수 없으면 음식의 종류나 혹은 나만의 레시피 재료를 말할 수 있도록 유도한다.) ③ 찌개 박수 – 기본 찌개 박수 익히기	30′

전개	(지글 지글 짝짝/ 보글 보글 짝짝/ 지글 짝/ 보글 짝/ 지글 보글 짝짝) – 1단계 재료 준비와 끓이기 (씻고 씻고 짝짝/ 넣고 넣고 짝짝/ 끓이고 끓이고 짝짝/ 씻고 짝/ 넣고 짝/ 끓이고 짝/ 씻고 넣고 끓이고 짝짝) – 2단계 차리고 먹기 (차리고 차리고 짝짝/ 먹고 먹고 짝짝/ 차리고 짝/ 먹고 짝/ 차리고 먹고 짝짝)	30′
마무리	■ **소통 박수** – 박수 3번 : 행복한, 박수 2번 : 소통 ■ **마음체조** (3페이지 QR코드 참고) ■ **마무리 인사 후 정리** – 리더십의 처음은 긍정의 마음입니다. 긍정의 마음을 갖길 바랍니다.	10′
준비물	음식 카드	

5-02 소통카드인지

2차시 내 마음을 받아줘

학습 목표
1. 미소짓기의 첫 번째 단계를 실천할 수 있다.
2. 격려카드 활동을 통해 자존감을 향상하고 긍정의 마음을 가질 수 있다.

단계	내용	시간
도입	■ 인사 나누기 – 1단계 : 내가 먼저 미소 짓자 ♬우리 모두 다 같이 인사해 "긍정" 소통의 첫 번째 단계는 '내가 먼저 미소 짓자'입니다. 내가 먼저 웃어주면 상대방도 웃어줄 겁니다. 속상하고 짜증 나는 일이 있어도 내가 먼저 미소 짓는 하루 되세요. 그런 의미에서 우리 모두 다 같이 긍정 박수 함께해요 8글자 긍정박수: 내가 먼저 미소짓자 ■ 뇌건강 체조 (3페이지 QR코드 참고)	10′
	■ 인지 활동지 – 1단계 2차시 : 문제해결능력 활동지 – 2단계 2차시 : 문제해결능력 활동지	10′
전개	■ 활동 준비 – 격려카드를 준비한다. – '다섯 가지 예쁜 말' 노래로 분위기를 조성한다. ■ 활동하기 ♬ 우리 모두 다 같이 집중해 "긍정" ① 격려카드를 각 1장씩 보이지 않게 나눠 준다. ② 내가 받은 카드의 격려 글을 읽고 기분을 이야기한다. (예: 내가 받은 카드는 '끝까지 해보는 거야!'입니다. 요즘 건강을 위해 운동을 시작했습니다. 포기하지 않고 끝까지 해보겠습니다.) ③ 이야기를 듣고 다 같이 발표자를 향해 격려카드의 말을 외쳐준다. ④ 순서대로 돌아가며 다 같이 각자의 격려의 글을 외친다. ⑤ '다섯 가지 예쁜 말' 노래와 율동을 함께 배운다.	30′

마무리	■ **소통 박수** – 박수 3번 : 행복한, 박수 2번 : 소통 ■ **마음체조** (3페이지 QR코드 참고) ■ **마무리 인사 후 정리** – 오늘은 내가 먼저 웃어주는 하루 되길 바랍니다.	10′
준비물	격려 카드	

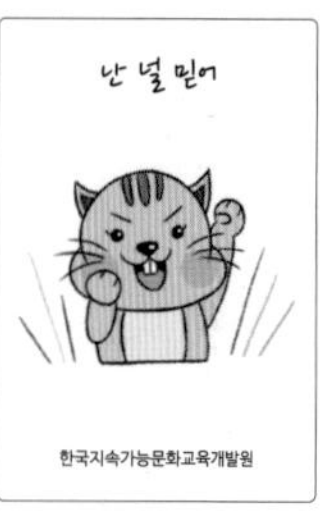

5-03 소통카드인지

3차시 함께 떠나요

학습 목표
1. 대인관계 소통의 두 번째 단계를 실천할 수 있다.
2. 여행카드 활동을 통하여 회상능력과 언어능력을 향상시킬 수 있다.

단계	내용	시간
도입	■ 인사 나누기 – 2단계 : 내가 먼저 인사하자 ♬우리 모두 다 같이 인사해 "긍정" 대인관계 소통의 두 번째 단계는 '내가 먼저 인사하자'입니다. 누가 먼저 인사할 때까지 기다리는 것이 아니라 내가 먼저 큰 소리로 인사하는 건 어떨까요? 그런 의미에서 우리 모두 다 같이 긍정 박수 함께해요 8글자 긍정박수: 내가 먼저 인사하자 ■ 뇌건강 체조 (3페이지 QR코드 참고)	10′
	■ 인지 활동지 – 1단계 3차시 : 문제해결능력 활동지 – 2단계 3차시 : 집중력 활동지	10′
전개	■ 활동 준비 – 여행카드를 준비하다. ■ 활동지도 ♬ 우리 모두 다 같이 집중해 "긍정" ① 여행하면 떠오르는 것들을 이야기 나눠 본다. (예: 가족, 동물원, 버스, 김밥 등 자유롭게 이야기한다..) ② 여행카드를 한 장씩 나눠 준다. ③ 각자 받은 여행카드에 대해 누구와 함께 가고 싶은지 이야기를 한다. ④ 순서대로 가지고 있는 여행지를 리듬에 맞춰 소개한다. (예: 날갯짓하며 "나는 제주" "나는 경주") – 학습자는 다른 사람의 여행카드를 잘 기억한다. – ○○○ 어르신의 여행카드는 어디일까요? 2~3명 확인한다. ⑤ 진행자가 먼저 리듬에 맞춰 여행지를 말하고 다른 여행지를 부른다.	30′

전개	⑥ 진행자가 말한 여행지 카드를 가지고 있는 사람이 이어간다. (예:진행자 - 나는 제주 중국 나와 중국 카드를 가지고 있는 학습자 - 나는 중국, 경주 나와) 경주 카드를 가지고 있는 학습자 - 나는 경주, ○○ 나와)	30′
마무리	■ **소통 박수** – 박수 3번 : 행복한, 박수 2번 : 소통 ■ **마음체조** (3페이지 QR코드 참고) ■ **마무리 인사 후 정리** – 웃는 얼굴로 먼저 인사 나누는 하루 되시길 바랍니다.	10′
준비물	여행카드	

5-04 소통카드인지

4차시 그때를 아십니까?

학습 목표
1. 대인관계 소통의 세 번째 단계를 실천할 수 있다.
2. 운동카드 활동을 통하여 운동의 종류와 운동의 필요성을 알 수 있다.

<table>
<tr><th>단계</th><th>내용</th><th>시간</th></tr>
<tr><td rowspan="2">도입</td><td>■ 인사 나누기
– 3단계 내가 먼저 대화하자.
♬우리 모두 다 같이 인사해 “긍정”
대인관계 소통의 세 번째 단계는 ‘내가 먼저 대화하자’입니다. 내가 먼저 다가가서 미소 띤 얼굴로 인사하고 대화를 시작한다면 아마 상대방도 기쁠 겁니다.
그런 의미에서 우리 모두 다 같이 긍정 박수 함께해요
8글자 긍정박수: 내가 먼저 대화하자
■ 뇌건강 체조
(3페이지 QR코드 참고)</td><td>10′</td></tr>
<tr><td>■ 인지 활동지
– 1단계 4차시 : 시지각능력 활동지
– 2단계 4차시 : 언어능력 활동지</td><td>10′</td></tr>
<tr><td>전개</td><td>■ 활동 준비
– 운동카드를 준비한다.
■ 활동하기–카드 활동
♬ 우리 모두 다 같이 집중해 “긍정”
① 친숙한 운동카드(탁구, 레슬링, 복싱, 씨름 등)를 보며 이야기 나눈다.
– 경험해 본 적이 있는지, 선수 이름 등 추억을 회상한다.
② 한 사람씩 한 장의 카드를 나눠준다.
③ 자신의 운동카드를 소개하며 경험이나 추억을 이야기한다.
(예1: 제가 받은 카드는 걷기운동입니다. 저는 아침마다 동네 공원을 30분 정도 걷고 있습니다.)
(예2: 제가 받은 카드는 레슬링입니다. ‘레슬링’ 하면 김일 선수가 생각이 나는데 그 시절에는 TV가 없어서 동네 이장님 댁에서 모두 모여 함께 봤던 추억이 떠오릅니다.)
④ 각자의 운동카드를 리듬에 맞춰 순서대로 이야기한다.
(예: 운동에는 탁구도 있고, 운동에는 축구도 있고~)
⑤ 진행자가 카드 속의 운동을 몸으로 설명하면 학습자가 맞춘다.</td><td>30′</td></tr>
</table>

마무리	■ 소통 박수 – 박수 3번 : 행복한, 박수 2번 : 소통 ■ 마음체조 (3페이지 QR코드 참고) ■ 마무리 인사 후 정리 – 내가 먼저 마음 열고 대화하는 하루 되시기 바랍니다.	10′
준비물	운동카드	

5-05 소통카드인지

5차시 도리도리 눈치 게임

학습목표
1. 대인관계 소통의 네 번째 단계를 실천할 수 있다.
2. 숫자 카드 활동을 통하여 판단력과 순발력을 향상시킬 수 있다.

<table>
<tr><th>단계</th><th>내용</th><th>시간</th></tr>
<tr><td rowspan="2">도입</td><td>■ 인사 나누기
– 4단계 내가 먼저 칭찬하자
♬우리 모두 다 같이 인사해 "긍정"
대인관계 소통의 네 번째는 '내가 먼저 칭찬하자'입니다. 오늘 나의 짝꿍에게 먼저 칭찬을 해주세요. 그럼 나와 짝꿍 모두 행복해질 겁니다.
그런 의미에서 우리 모두 다 같이 긍정 박수 함께해요
8글자 긍정박수: 내가 먼저 칭찬하자
■ 뇌건강 체조
(3페이지 QR코드 참고)</td><td>10′</td></tr>
<tr><td>■ 인지 활동지
– 1단계 5차시 : 시지각능력 활동지
– 2단계 5차시 : 문제해결능력, 시지각능력 활동지</td><td>10′</td></tr>
<tr><td>전개</td><td>■ 활동 준비
– 진행자는 인원수에 맞춰 같은 숫자 카드 4장씩 준비한다.
(7인의 경우 1~7까지 각 4장씩 준비한다.)
– 카드를 잘 섞은 후 4장씩 나눠준다.
■ 활동지도
♬ 우리 모두 다 같이 집중해 "긍정"
① 자신이 받은 카드를 살펴보고 어떤 숫자 카드 4장을 모을지 결정한다.
② 필요 없는 카드를 한 장 고른 후 진행자의 준비 구령에 맞춰 카드를 바닥에 내려놓는다.
– 이때 카드의 숫자는 보이지 않도록 한다.
③ 진행자의 구령에 맞춰 오른쪽으로 전달한다.
– 진행자가 "하나둘" 하면 모두 "긍정"을 외치며 오른쪽으로 전달한다.
④ 같은 방식으로 4장의 카드를 모을 때까지 계속 진행한다.
⑤ 같은 숫자를 모두 모은 사람은 미리 정해 둔 행동을 한다.
※ 게임 전 4장을 모두 모은 사람은 '어깨를 두드린다'라는 규칙을 정하고 가장 먼저 모은 사람은 소리 없이 살짝 행동을 취한다.</td><td>30′</td></tr>
</table>

전개	⑥ 이를 본 다른 사람들은 카드를 모두 모으지 못해도 같은 행동을 따라 한다. ⑦ 이때 가장 늦게 따라 하거나 하지 않는 사람이 술래가 된다. 예: 등마사지 해주기(인디언 밥, 가마솥의 누룽지)	30′
마무리	■ **소통 박수** – 박수 3번 : 행복한, 박수 2번 : 소통 ■ **마음체조** (3페이지 QR코드 참고) ■ **마무리 인사 후 정리** – 오늘은 주변 지인들에게 칭찬의 말을 많이 해주는 하루 되길 바랍니다.	10′
준비물	숫자 카드	

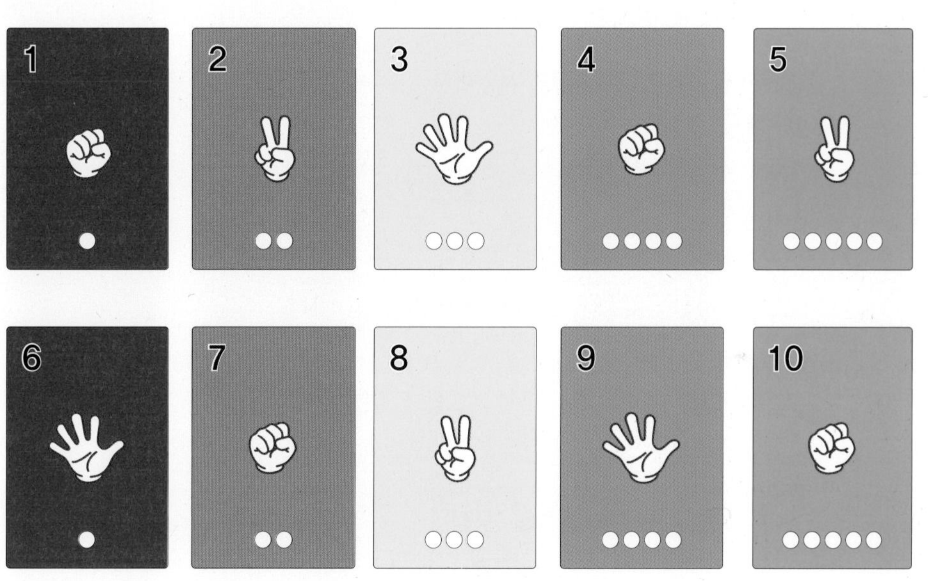

5-06 소통카드인지

6차시 기억을 모아라

학습 목표
1. 대인관계 소통의 다섯 번째를 실천할 수 있다.
2. 색깔 카드 활동을 통해 색의 인지와 기억력을 향상시킬 수 있다.

단계	내용	시간
도입	■ 인사 나누기 – 5단계 내가 먼저 사랑하자 ♬우리 모두 다 같이 인사해 "긍정" 대인관계 소통의 다섯 번째는 '내가 먼저 사랑하자'입니다. 오늘 나의 짝꿍에게 사랑한다고 말해주세요. 그럼 짝꿍도 나에게 행복한 마음으로 사랑한다고 답해 줄 겁니다. 그런 의미에서 우리 모두 다 같이 긍정 박수 함께해요 8글자 긍정박수: 내가 먼저 사랑하자 ■ 뇌건강 손 유희 (3페이지 QR코드 참고)	10′
	■ 인지 활동지 – 1단계 6차시 : 문제해결능력 활동지 – 2단계 6차시 : 집중력, 문제해결능력 활동지	10′
전개	■ 활동 준비 – 색깔 카드를 준비한 후 바닥에 카드를 정렬한다. (카드는 색깔별로 짝수가 되도록 준비한다.) ■ 활동지도 ♬ 우리 모두 다 같이 집중해 "긍정" ① 카드 뒷면의 다양한 색깔들을 인지한다. ② 색깔이 보이지 않도록 뒤집어 놓는다. ③ 뒤집어 놓은 카드 중 하나를 골라 뒤집는다. ④ 뒤집은 카드와 같은 색깔을 찾아 뒤집는다. – 뽑은 카드의 색깔이 같은 색이면 자신의 앞으로 가져오고 뽑은 카드가 다른 색이라면 카드는 다시 원위치한다. – 원위치하며 카드의 색깔을 기억하도록 노력한다. ※ 진행자는 ③~④ 의 순서를 시범 보인다. ⑤ 학습자는 카드의 색깔을 잘 기억한 후 자신의 순서에 같은 색깔의 카드를 가져올 수 있도록 한다.	30′

전개	⑥ 카드를 많이 가져온 사람에게 박수를 보낸다. (예: 모두 "기억력 짱!"이라고 말하며 박수)	30′
마무리	■ **소통 박수** – 박수 3번 : 행복한, 박수 2번 : 소통 ■ **마음체조** (3페이지 QR코드 참고) ■ **마무리 인사 후 정리** 오늘은 많이 사랑한다고 말해주는 하루 되시길 바랍니다.	10′
준비물	색깔 카드	

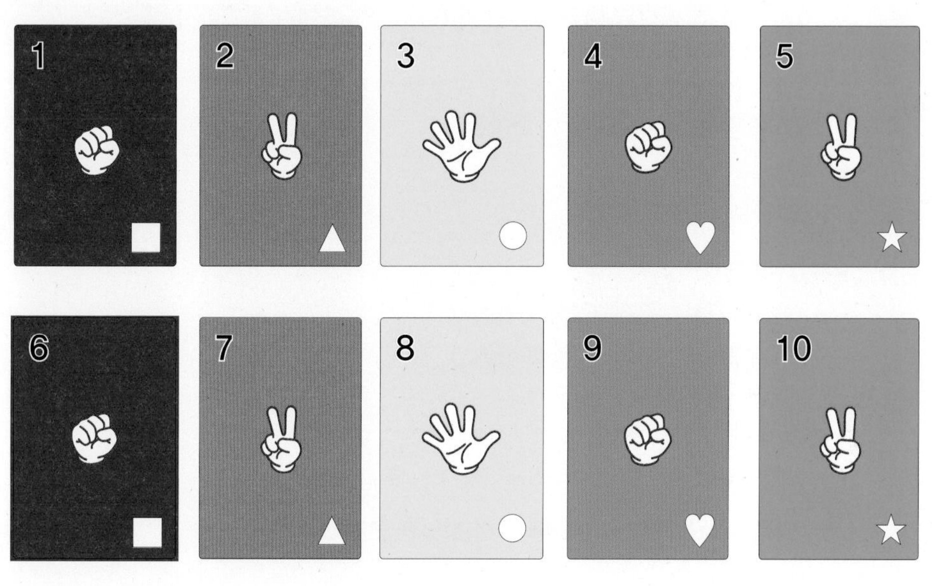

5-07 소통카드인지

7차시 카드 모으기

학습 목표
1. 대인관계 소통의 여섯 번째를 실천할 수 있다.
2. 카드 활동을 통하여 판단력을 향상시킬 수 있다.

단계	내용	시간
도입	■ 긍정 인사 나누기 – 6단계 : 우리 함께 고마워요. ♬우리 모두 다 같이 인사해 "긍정" 대인관계 소통의 여섯번째는 '우리 함께 고마워요'입니다. 고마웠던 그 순간의 나의 마음을 표현해 주세요. 내가 표현하지 않으면 누구도 알지 못합니다. 그런 의미에서 우리 모두 다 같이 긍정 박수 함께해요 8글자 긍정박수: 우리 함께 고마워요 ■ 뇌건강 손 유희 (3페이지 QR코드 참고)	10′
	■ 인지 활동지 – 1단계 7차시 : 문제해결능력 활동지 – 2단계 7차시 : 문제해결능력 활동지	10′
전개	■ 활동 지도 – 가위바위보 카드를 각 2장씩 총 6장 나눠준다. – 카드의 가위바위보를 중간에 보지 않도록 설명한다. ■ 활동 방법 ♬ 우리 모두 다 같이 집중해 "긍정" ① 6장의 카드가 상대방에게 보이지 않도록 들고 있는다. ② 두 명씩 짝을 지어 진행자의 구령에 맞춰 카드를 낸다. – 진행자의 가위바위보 구령에 맞춰 카드를 한 장 낸다. ③ 카드 가위바위보에서 이기는 사람이 카드를 가져온다. – 가져간 카드는 바닥에 내려놓는다. – 비긴 경우 카드는 바닥에 두고 다음에 이긴 사람이 모두 가져간다. ④ 6장의 카드를 모두 사용 후 각자 모은 카드의 개수를 확인한다. ⑤ 카드를 많이 모은 사람에게 박수를 보낸다.	30′

전개	※ 응용 – 6장의 카드를 보이지 않게 바닥에 놓고 진행자의 가위바위보 구령에 맞춰 무작위로 한 장 뒤집는다. – ③~⑤의 진행방식으로 한다. ※ 개인전과 단체전으로 나눠 진행할 수 있음	30′
마무리	■ 소통 박수 – 박수 3번 : 행복한, 박수 2번 : 소통 ■ 마음체조 (3페이지 QR코드 참고) ■ 마무리 인사 후 정리 내 마음을 표현해 주세요. "고마워요"라고 먼저 말하는 하루 되시길 바랍니다.	10′
준비물	가위바위보 카드	

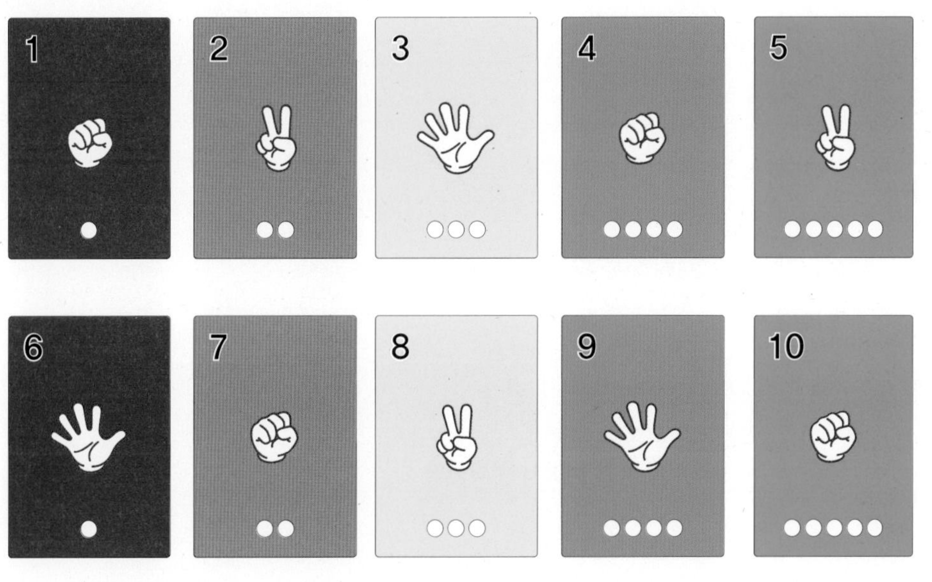

5-08 소통카드인지

8차시 도형의 언어

학습 목표
1. 대인관계 소통의 일곱 번째를 실천할 수 있다.
2. 도형 카드 활동을 통하여 신체활동과 기억력을 향상시킬 수 있다.

단계	내용	시간
도입	■ 인사 나누기 – 7단계 : 우리 함께 건강해요 ♬우리 모두 다 같이 인사해 "긍정" 대인관계 소통의 일곱 번째는 '우리 모두 건강해요'입니다. 혼자 하는 운동보다 함께 하는 운동이 그 효과가 훨씬 크다고 합니다. 우리 함께 운동해서 모두 건강해지면 더 기분 좋겠지요. 그런 의미에서 우리 모두 다 같이 긍정 박수 함께해요 8글자 긍정박수: 우리 함께 건강해요 ■ 뇌건강 손 유희 (3페이지 QR코드 참고)	10′
	■ 인지 활동지 – 1단계 8차시 : 기억력, 집중력 활동지 – 2단계 8차시 : 문제해결능력 활동지	10′
전개	■ 활동 준비 – 각기 다른 도형 카드 5장을 나눠준다.. ■ 활동지도 ♬ 우리 모두 다 같이 집중해 "긍정" ① 5장의 도형 카드를 살펴본다. ② 도형마다 동작을 정한다. ☆ : 양손을 머리 위에서 빤짝빤짝 ○ : 양손을 머리에 ♡ : 양손을 가슴에 □ : 양손을 배꼽에 △ : 박수 2번 ③ 진행자가 보여주는 카드의 동작을 연습한다. ④ 진행자의 행동을 보고 카드를 선택하여 들어 올린다. ⑤ 진행자의 연속 동작을 보고 카드를 선택하여 들어 올린다. ⑥ 위의 동작을 이용하여 노래에 맞춰 율동한다. (예: 퐁당퐁당, 작은별, 고향의 봄 등)	30′

마무리	■ 소통박수 – 박수 3번 : 행복한, 박수 2번 : 소통 ■ 마음체조 (3페이지 QR코드 참고) ■ 마무리 인사 후 정리 – 오늘은 건강을 위해 충분히 몸을 움직이는 하루 되시길 바랍니다.	10′
준비물	도형 카드	

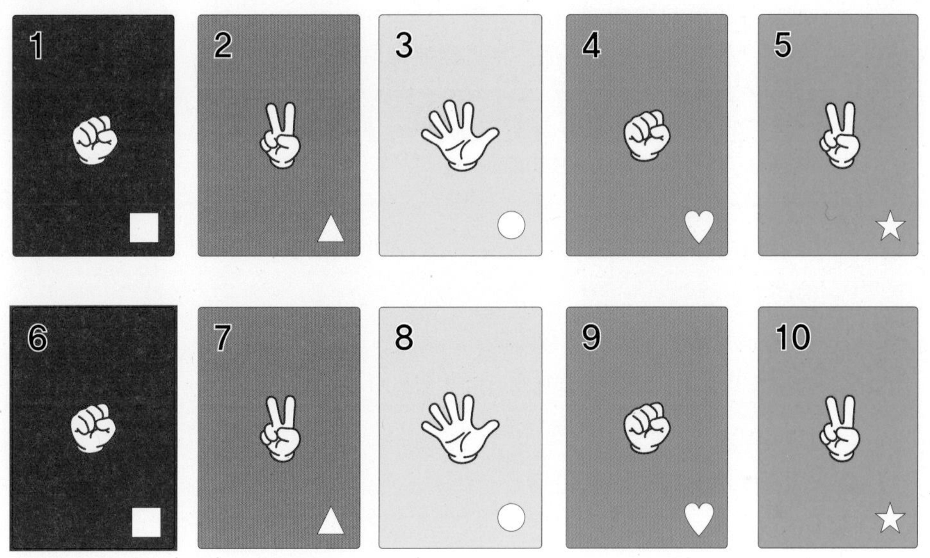

5-09 소통카드인지

9차시 더하고 빼고

학습 목표
1. 대인관계 소통의 여덟 번째를 실천할 수 있다.
2. 숫자 카드 활동을 통하여 수를 인지하고 계산능력을 키울 수 있다.

단계	내용	시간
도입	■ 인사 나누기 – 8단계 : 우리 함께 배려해요. ♬우리 모두 다 같이 인사해 "긍정" 대인관계 소통의 여덟 번째는 '우리 함께 배려해요'입니다. 오늘 짝꿍에게 배려하는 모습을 보여주세요. 그럼 짝꿍은 나에게 더 많은 배려를 해줄 겁니다. 그런 의미에서 우리 모두 다 같이 긍정박수 함께해요 8글자 긍정박수: 우리 함께 배려해요 ■ 뇌건강 손유희 (3페이지 QR코드 참고)	10′
	■ 인지 활동지 – 1단계 9차시 : 언어능력 활동지 – 2단계 9차시 : 집중력, 문제해결능력 활동지	10′
전개	■ 활동준비 – 각자 5장의 카드를 나눠준다. ■ 활동 방법 ♬ 우리 모두 다 같이 집중해 "긍정" ① 카드의 숫자가 보이지 않도록 나열한다. ② 2명이 동시에 카드를 한 장씩 뒤집어 숫자의 합을 계산한다. ③ 합을 빠르게 말한 사람이 카드를 가져간다. (예: 뒤집은 카드의 숫자가 2와 3이라면 5라고 빨리 외친 사람이 2장의 카드를 모두 가져간다.) ④ 카드를 많이 모은 사람이 승리 ※ 응용 1 – 빼기(큰 수에서 작은 수), ① 2명이 동시에 카드를 한 장씩 뒤집어 계산한다. ② 빼기를 빠르게 말한 사람이 카드를 가져간다. (예: 뒤집은 카드의 숫자가 3과 2라면 빨리 1이라고 외친 사람이 2장의 카드를 모두 가져간다)	30′

전개	※응용2 – 더하기+1 (예: 뒤집은 카드의 숫자가 2와 3이라면 더하기 1을 해서 6이라고 먼저 외친 사람이 2장의 카드를 모두 가져간다.) – 빼기-1, 곱하기	30′
마무리	■ 소통박수 – 박수 3번 : 행복한, 박수 2번 : 소통 ■ 마음체조 (3페이지 QR코드 참고) ■ 마무리 인사 후 정리 오늘은 내가 먼저 배려해주는 하루 되시길 바랍니다.	10′
준비물	숫자 카드	

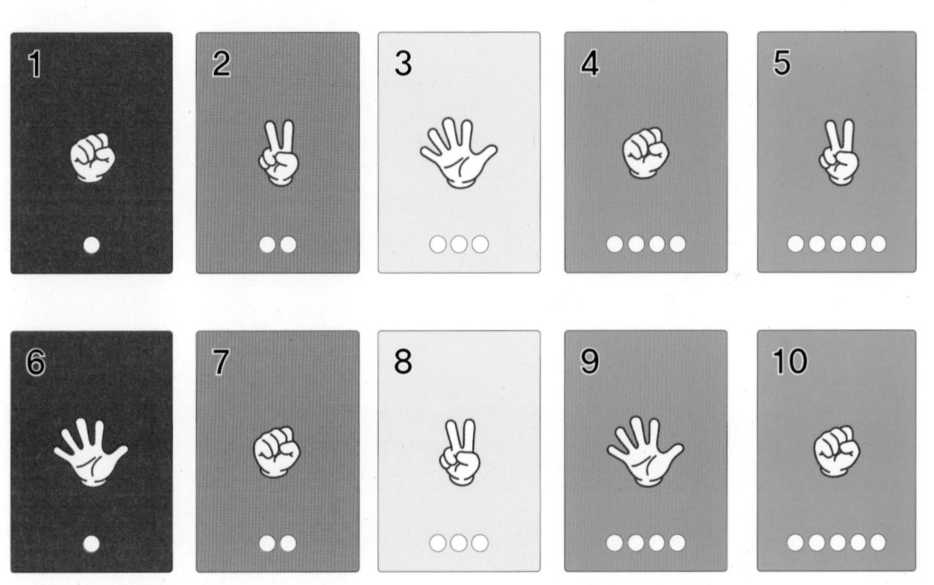

5-10 소통카드인지

10차시 수와 양 연결하기

학습 목표
1. 대인관계 소통을 실천할 수 있다.
2. 도트 카드를 활동을 통하여 문제해결능력을 향상시킬 수 있다.

단계	내용	시간
도입	■ 인사 나누기 – 마지막 총정리: 미인대칭 사고건배('미'소짓기 '인'사하기 '대'화하기 '칭'찬하기 '사'랑해요 '고'마워요 '건'강해요 '배'려해요) ♬우리 모두 다 같이 인사해 "긍정" 대인관계 소통의 여덟 단어를 모두 합친 글자는 '미인대칭 사고건배'입니다. 지금까지 긍정박수를 치면서 8단계를 익혀 봤는데요. 언제, 어디서나 항상 긍정적인 생각을 갖고 생활하시면 좋을 것 같습니다. 긍정박수: 미 👏 인 👏 대 👏 칭 👏 사 👏 고 👏 건 👏 배 👏 ■ 뇌건강 손유희 (3페이지 QR코드 참고)	10′
	■ 인지 활동지 – 1단계 10차시 : 마음의 명상 활동지 – 2단계 10차시 : 마음의 명상 활동지	10′
전개	■ 활동준비 – 2인이 1조 팀으로 구성한다. – 도트 1세트(1~6)를 나눠준다. – '10의 노래'를 함께 부른다. ■ 활동지도 ♬ 우리 모두 다 같이 집중해 "긍정" ① 수와 양을 연결할 수 있도록 연습한다. – 진행자가 '숫자'를 부르면 '양'으로 대답한다. 예: "4", "넷" / "7", "일곱" ② 진행자가 숫자를 부르면 학습자는 양으로 대답한다. – 진행자가 '숫자'를 보여주면 빨리 '양'으로 대답하며 해당 카드를 든다. – "1+3"을 부르면 "넷"으로 대답하며 카드를 든다. – "3+셋"을 부르면 "여섯"으로 대답하며 카드를 든다.	30′

전개	③ 도트 카드 빨리 빼기를 한다. – 각자의 카드를 순서대로 펼쳐놓는다. – 주사위를 던져 나온 도트의 수와 같은 도트 카드를 뺀다. – 여섯 개의 도트 카드를 모두 빼면 끝난다.	30′
마무리	■ 소통박수 – 박수 3번 : 행복한, 박수 2번 : 소통 ■ 마음체조 (3페이지 QR코드 참고) ■ 마무리 인사 후 정리 '미인대칭 사고건배' 모두 잊지 마시고 실천하는 매일 되시길 바랍니다.	10′
준비물	도트 카드	

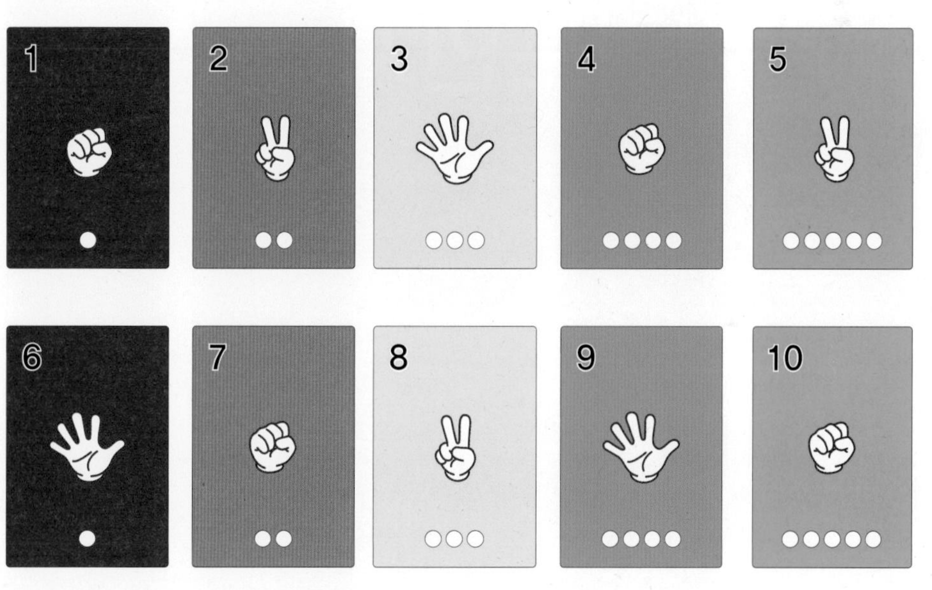

6장 감정카드인지

목표

감정표현을 잘하는 사람은 그렇지 않은 사람보다 장수할 확률이 높다고 한다.
그런 반면에 감정표현이 서툰 사람은 두통, 근육통, 소화불량 같은 문제가 생길 수 있다.
노인들이 감정 카드를 통해 자신의 감정을 솔직하게 표현하는 방법을 제시해 줌으로써 건강한 대인관계와 의사소통 능력의 향상을 도모한다.

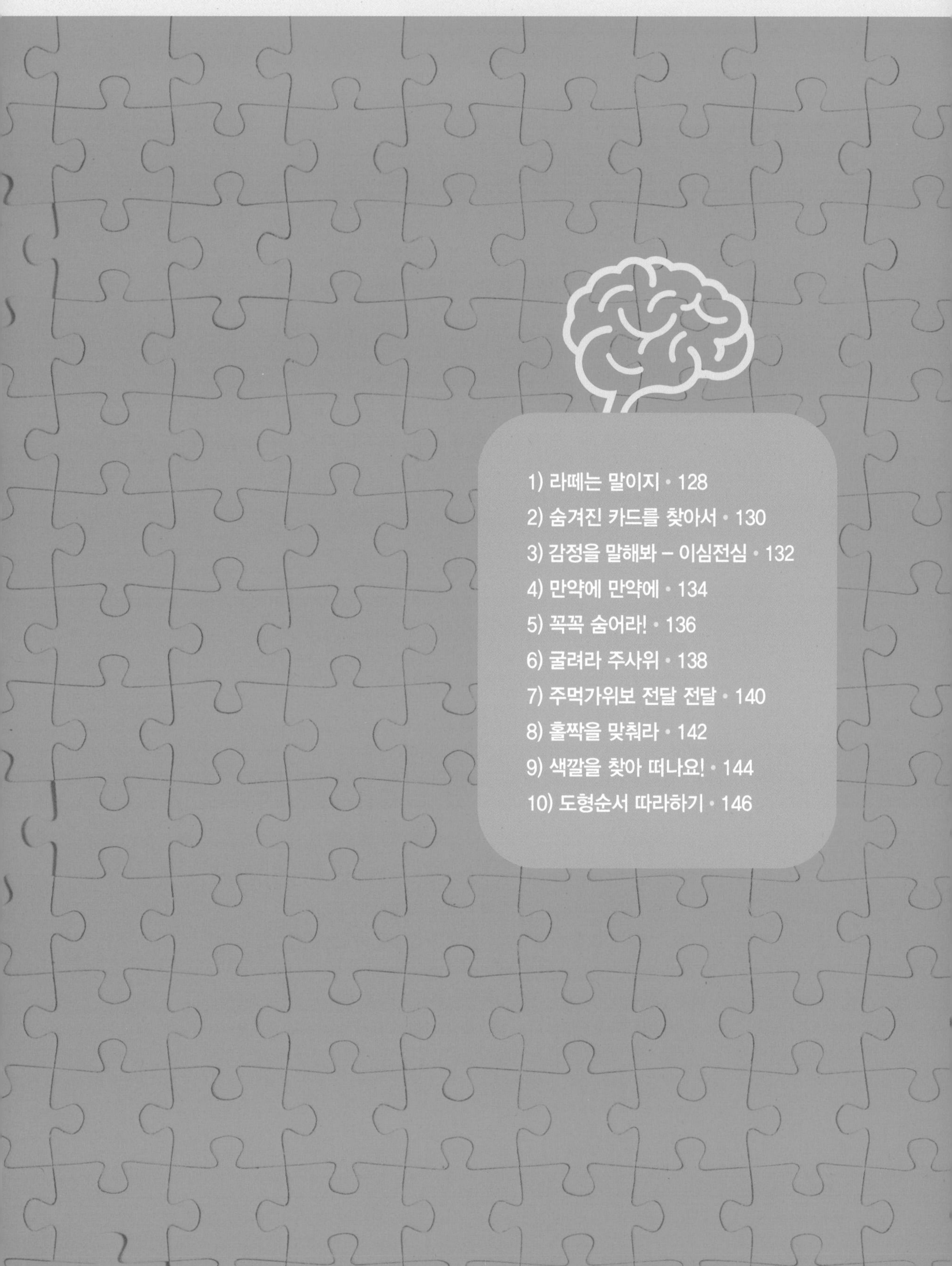

6장 감정카드인지

6-01 감정카드인지

1차시 라떼는 말이지

학습 목표
1. 지나간 날들의 회상을 통해 기억력 향상에 도움을 준다.
2. 나의 기억들을 스토리텔링 하며 언어능력을 향상시킨다.

단계	내용	시간
도입	■ 인사 나누기 '해소하다'는 어려운 일이나 문제가 되는 상태를 해결하여 없애 버린다는 뜻입니다. 오늘 스트레스 받은 마음을 해소하는 의미로 '해소' 인사 나눕시다. ♬우리 모두 다 같이 인사해 "긍정" ♬우리 모두 다 같이 인사해 "긍정" ♬우리 모두 다 같이 인사하며 놀아요 ♬우리 모두 다 같이 인사해 "긍정" ■ 뇌건강 체조 (3페이지 QR코드 참고)	10′
	■ 인지 활동지 – 3단계 1차시 : 언어능력, 시지각능력 활동지 – 4단계 1차시 : 언어능력, 시지각능력 활동지	10′
전개	■ 활동준비 회상 카드 내용이 보이지 않게 준비한다. ■ 활동지도 – 활동 1 (개인) ① 진행자가 '라떼는 말이야'라고 하면 학습자들이 똑같이 따라 외친다. ② 카드를 내용이 보이지 않게 한 장씩 나눠준다. ③ 각자 받은 카드를 보며 회상하는 시간을 갖는다.(30초 정도) ④ 각자 회상 카드를 소개할 때 감정 표현도 함께 한다. (예 : 연탄 – '라떼는 말이야' 연탄불을 꺼지지 않게 하려고 애썼는데… 연탄이 없어서 많이 힘들고 어려웠던 때를 생각하니 서글픈 감정이 들기도 하는구만...)	30′

전개	⑤ 학습자들이 발표가 끝날 때마다 공감의 의미를 담아 “아! 그랬군요.”라고 한다. – 활동 2 (팀 스피드 게임) ① 2팀으로 팀을 나누고 가위바위보로 순서를 정한다. ② 진행자가 카드를 보여주면 학습자가 말로 설명하고 팀원들이 맞춘다. ※ 설명하기 어려우면 패스할 수 있다. ③ 주어진 시간 안에 많이 맞춘 팀이 승리한다. ④ 많이 맞춘 팀이나 못 맞춘 팀 모두 서로에게 격려의 박수치며 마무리한다.	30′
마무리	■ **긍정박수** ♬우리 모두 다 같이 인사해 “긍정” ■ **마음체조** (3페이지 QR코드 참고) ■ **마무리 인사 후 정리**	10′
준비물	회상 카드	

6-02 감정카드인지

2차시 숨겨진 카드를 찾아서

학습 목표
1. 일상생활속 사물들이 가지고 있는 특성을 설명할 수 있다.
2. 카드 내용을 기억하고 찾아내는 활동을 통해 기억력 · 인지력을 향상 시킨다.

단계	내용	시간
도입	■ 인사 나누기 힘겹다는 생각이 들 때 내가 이런 생각을 하고, 내 마음이 이런 감정을 느끼고 있다는 것을, 그저 옳고 그름의 판단 없이 '아, 내 마음이 이렇구나'하고 알아차려 주기만 해도 마음이 조금은 쉼을 얻을 수 있다고 합니다. ♬우리 모두 다 같이 인사해 "마음" ■ 뇌건강 체조 (3페이지 QR코드 참고)	10′
	■ 인지 활동지 – 3단계 2차시 : 계산능력, 문제해결능력 활동지 – 4단계 2차시 : 계산능력, 문제해결능력 활동지	10′
전개	■ 활동준비 사물 카드를 준비한다. ■ 활동지도 활동 1 ① 사물 카드 내용이 보이지 않게 순서대로 탁자에 펼쳐놓는다. ② 진행자가 먼저 카드 한 장을 선택하고 학습자들에게 보여주면서 그 사물에 관한 스토리텔링을 한다. 예) 카메라 : 나는 동이 터오는 새벽하늘을 카메라에 멋지게 담고 싶습니다. 그리고 카메라에 찍힌 사진들을 볼 때마다 추억이 떠오르고 행복한 미소를 짓게 됩니다. ③ 진행자가 다음 발표할 학습자를 지목한다. ④ 학습자는 사물 카드를 골라 스토리텔링을 하고 다음 발표자를 지목한다. ⑤ 학습자가 발표를 마칠 때마다 '아~ 그렇구나~'로 다 같이 공감한다. 활동 2 ① 2팀으로 나눈다. ② 10장의 카드를 펼쳐놓고 30초 동안 숙지한 후에 뒤집어 놓는다. ③ 각 팀의 학습자 1명씩 순서대로 진행한다.	30′

전개	④ 진행자가 사물 카드의 이름을 말하면 먼저 찾는 학습자가 카드를 가져가고 다른 학습자들은 박수를 쳐준다.	30′
마무리	■ **긍정박수** ♬우리 모두 다 같이 인사해 "마음" ■ **마음체조** (3페이지 QR코드 참고) ■ **마무리 인사 후 정리**	10′
준비물	사물 카드	

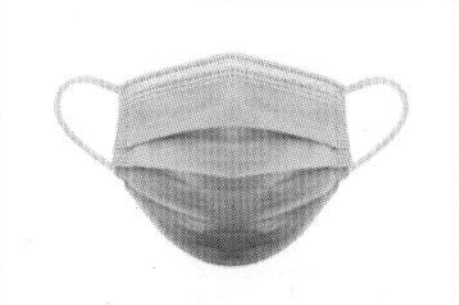
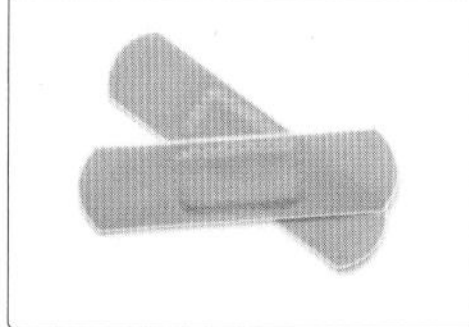

6-03 감정카드인지

3차시 감정을 말해봐 – 이심전심

학습 목표
1. 짝 활동을 통해 대인관계 능력 향상에 도움을 준다.
2. 감정 카드 활동을 통해 감정표현 능력을 향상 시킨다.

단계	내용	시간
도입	■ **인사 나누기** '공감'이란 타인의 상황과 기분을 느낄 수 있는 능력입니다. 나는 당신의 상황을 알고 당신의 기분을 이해한다는 의미로 '공감'하며 소통 인사 나눕니다. ♬우리 모두 다 같이 인사해 "공감" ■ **뇌건강 체조** (3페이지 QR코드 참고)	10′
	■ **인지 활동지** – 3단계 3차시 : 기억력, 집중력 활동지 – 4단계 3차시 : 기억력, 집중력 활동지	10′
전개	■ **활동 준비** – 감정 카드와 투명테이프를 준비한다. ■ **활동 지도** – 감정 카드 (사진) ① 진행자가 감정 카드를 한 장씩 보여주며 소개한 후 내용이 보이지 않게 탁자 위에 펼쳐놓는다. ② 두 사람씩 짝을 정한다. ③ 짝이 된 사람끼리 가위바위보로 순서를 정한다. ④ 이긴 사람이 카드 한 장을 집어서 짝이 볼 수 없게 등 뒤에 테이프로 붙인다. ⑤ 진 사람도 짝의 등에 위와 같이 붙인다. ⑥ 이긴 사람이 먼저 짝의 등에 붙은 감정을 손과 표정만으로 표현한다. ⑦ 상대방의 표현을 보고 예상되는 감정단어를 맞추면 된다. ※ 시간제한은 30초로 한다. ⑧ 제한된 시간이 지나면 자신의 등에 붙은 감정 카드를 떼어서 확인한다. ⑨ 학습자 모두가 등에서 카드를 떼어내면 자신이 가진 감정 카드를 보고 지난 일주일 동안 느꼈던 감정을 발표한다. ⑩ 진행자와 학습자 모두 발표를 듣고 '아~ 그랬군요'라고 공감해준다. ⑪ 감정표현을 어려워 하는 학습자는 진행자가 도움을 주면서 진행한다.	30′

마무리	■ **긍정박수** ♬우리 모두 다 같이 인사해 "공감" ■ **마음체조** (3페이지 QR코드 참고) ■ **마무리 인사 후 정리**	10′
준비물	감정 카드, 투명테이프	

6-04 감정카드인지

4차시 만약에 만약에

학습 목표
1. '만약에 카드'를 통해 상상력과 공감능력을 향상시킨다.
2. 가위바위보 대결 게임을 통해 판단력과 실행력을 향상시킨다.

단계	내용	시간
도입	■ 인사 나누기 '으쓱'하면서 어깨를 쭉 올렸다 내리면 스트레스로 긴장된 어깨가 풀립니다. '으쓱으쓱'을 여러 번 반복하여 어깨 스트레칭을 합니다. ♬우리 모두 다 같이 인사해 "으쓱" ■ 뇌건강 체조 (3페이지 QR코드 참고)	10′
	■ 인지 활동지 – 3단계 4차시 : 언어능력 활동지 – 4단계 4차시 : 언어능력 활동지	10′
전개	■ 활동준비 – 만약에 카드를 준비한다. ■ 활동지도 활동 1 ① 진행자는 만약에 카드에 있는 다섯 가지 내용을 설명한다. ② 만약에 카드 중 한 가지를 선택하고 이야기 나눈다. ③ 발표가 끝날 때마다 다 같이 '아~ 그렇구나'로 공감한다. 활동 2 ① 2팀으로 나눈다. ② 각 3장씩의 카드를 나눠준다. ③ 둘씩 짝을 지어 가위바위보를 해서 이긴 사람이 한 장의 카드를 가져온다. ④ 카드를 다 잃은 사람은 자리에 앉고 이긴 사람끼리 다시 가위바위보를 한다. ⑤ 진행자가 '그만'을 외칠 때까지 한다. ⑥ 카드를 많이 모은 팀이 승리한다.	30′

마무리	■ **긍정박수** ♬우리 모두 다 같이 인사해 “으쓱” ■ **마음체조** (3페이지 QR코드 참고) ■ **마무리 인사 후 정리**	10′
준비물	만약에 카드	

만약에 우주여행을 간다면 누구와 함께? 한국지속가능문화교육개발원	만약에 순간이동을 할 수 있다면 바꾸고 싶은 상황은? 한국지속가능문화교육개발원	만약에 내가 되고 싶은 나이가 있다면? 한국지속가능문화교육개발원
만약에 성별이 바뀐다면? 한국지속가능문화교육개발원	만약에 내 머리속에 지우개가 있다면, 지우고 싶은 한 가지? 한국지속가능문화교육개발원	만약에 소원을 들어주는 램프가 있다면 소원 한 가지? 한국지속가능문화교육개발원
만약에 공짜로 생긴 100만원을 하루에 다 써야 한다면? 한국지속가능문화교육개발원	만약에 내가 동화 속 인물이 된다면 어떤 인물? 한국지속가능문화교육개발원	만약에 내가 좋아하는 연예인과 여행을 간다면 어디로? 한국지속가능문화교육개발원

6-05 감정카드인지

5차시 꼭꼭 숨어라!

학습 목표
1. 숫자 카드를 활용하여 집중력을 향상시킨다.
2. 카드의 수 인지 활동을 통해 문제해결능력을 높인다.

단계	내용	시간
도입	■ 인사 나누기 '칭찬하다'는 좋은 점이나 착하고 훌륭한 일을 높이 평가하거나 바람직한 행동을 강화시켜 주는 묘약이라고 합니다. '근본적으로 우리는 누구나 위대하고 훌륭합니다.' ♬우리 모두 다 같이 인사해 "칭찬" ■ 뇌건강 체조 (3페이지 QR코드 참고)	10′
	■ 인지 활동지 – 3단계 5차시 : 집중력, 문제해결능력 활동지 – 4단계 5차시 : 시지각능력, 문제해결능력 활동지	10′
전개	■ 활동준비 – 40장의 숫자 카드를 준비한다. ■ 활동지도 ① 한 장의 카드를 숨기고 모두 나누어 카드를 나눠준다. ② 받은 카드 중에 숫자의 짝이 맞는 카드 2장씩 바닥에 버린다. 예1) 1–1, 2–2 짝이 맞는 카드를 모두 버린다. 예2) 3–3–3 카드일 경우, 3–3만 버리고 나머지 한 장은 들고 있는다. ③ 짝이 없는 카드는 다른 사람이 볼 수 없도록 잘 들고 있는다. ④ 카드를 가장 적게 가지고 있는 사람부터 오른쪽 방향으로 한 사람씩 진행한다. ⑤ 오른쪽 사람의 카드 중에서 한 장을 뽑아 같은 숫자의 카드가 있으면 바닥에 2장의 카드를 버린다. ⑥ 카드를 모두 버린 사람은 '만세'를 외치고 카드가 남은 사람은 계속 진행한다. ⑦ 마지막에 한 장의 카드를 가진 사람과 숨겨 놓은 카드와 일치하는지 확인한다. ⑧ 술래가 된 사람이 선이 되어 게임을 다시 진행한다.	30′

마무리	■ **긍정박수** ♬우리 모두 다 같이 인사해 "칭찬" ■ **마음체조** (3페이지 QR코드 참고) ■ **마무리 인사 후 정리**	10′
준비물	숫자 카드	

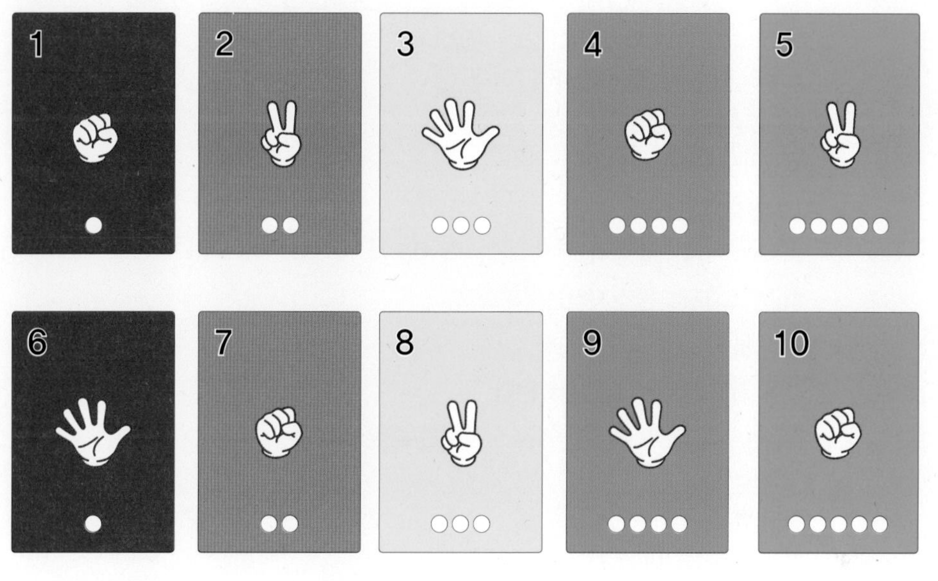

6-06 감정카드인지

6차시 굴려라 주사위

학습 목표
1. 색깔 카드게임을 통해 시지각력과 인지력을 향상시킨다.
2. 주사위 활동을 통해 근육 운동능력과 기억력을 향상시킨다.

단계	내용	시간
도입	■ 인사 나누기 '이해'는 깨달아 알다. 또는 잘 알아서 받아들이거나 혹은 '남의 사정을 잘 헤아려 너그러이 받아들인다.'라는 뜻입니다. ♬우리 모두 다 같이 인사해 "이해" ■ 뇌건강 손유희 (3페이지 QR코드 참고)	10′
	■ 인지 활동지 – 3단계 6차시 : 집중력, 문제해결능력 활동지 – 4단계 6차시 : 공간지각능력 활동지	10′
전개	■ 활동준비 – 색깔 카드를 바닥에 펼쳐놓는다. – 빨, 주, 노, 초, 파, 보(꽝) 색깔 주사위를 준비한다. ■ 활동지도 활동 1 ① 두 팀으로 나눈다. ② 각 팀의 정해진 순서대로 한 사람씩 주사위를 던져서 나온 색깔과 같은 카드를 한 장 가져온다. 예 1) 주사위의 색깔이 빨간색이면 빨간색 카드를 가져온다. 예 2) 카드에 없는 색깔이면 "꽝(보라)"으로 다음 사람에게 기회를 넘긴다. ③ 색깔 카드를 많이 가지고 있는 사람이 승리한다. 활동 2 ① 카드의 색깔이 보이지 않게 놓는다. ② 주사위를 던져 나온 색깔을 찾아 카드를 한 장 뒤집는다. ③ 뒤집은 카드가 같은 색깔이면 가져오고 다르면 다시 제자리에 뒤집어 놓는다. 이때 색깔을 잘 기억할 수 있도록 한다. ※ 순서대로 한 번씩 진행한다. ④ 같은 방식으로 카드가 다 없어질 때까지 계속 진행한다. ⑤ 카드를 많이 모으면 된다.	30′

마무리	■ 긍정박수 ♬우리 모두 다 같이 인사해 "이해" ■ 마음체조 (3페이지 QR코드 참고) ■ 마무리 인사 후 정리	10′
준비물	주사위, 색깔 카드	

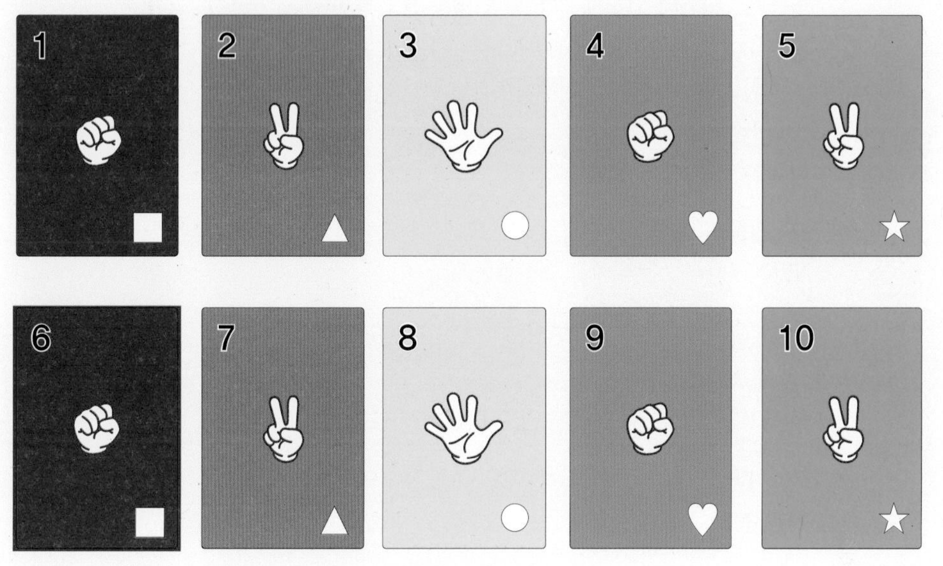

6-07 감정카드인지

7차시 주먹가위보 전달 전달

학습 목표
1. 주먹가위보 활동을 통해 숫자 계산능력을 향상시킨다.
2. 전달게임을 통하여 판단력과 감각능력을 향상시킨다.

<table>
<tr><th>단계</th><th>내용</th><th>시간</th></tr>
<tr><td rowspan="2">도입</td><td>■ 인사 나누기
'격려'는 낙심된 사람에게 용기를 불어넣고 우리 안에 있는 에너지를 끌어올려주어 다시 일어설 수 있게 하는 것입니다.
♬우리 모두 다 같이 인사해 "격려"
■ 뇌건강 손유희
(3페이지 QR코드 참고)</td><td>10′</td></tr>
<tr><td>■ 인지 활동지
– 3단계 7차시 : 문제해결능력 활동지
– 4단계 7차시 : 문제해결능력 활동지</td><td>10′</td></tr>
<tr><td>전개</td><td>■ 활동 준비
– 주먹가위보 카드가 보이지 않도록 하여 카드를 책상에 펼쳐 놓는다.
■ 활동 지도
활동 1
① 진행자는 주먹(1), 가위(2), 보(3)라는 규칙을 알려준다.
② 둘씩 짝을 지어 진행한다.
③ 진행자의 신호에 따라 두 사람의 카드의 합을 말하는 게임이다. 예) 두 사람이 각각 주먹과 가위를 뒤집었을 경우 주먹(1) + 가위(2) = 3, 답은 3이다.
④ 진행자가 '준비'하면 양손을 들고 '집어'하면 카드 한 장을 잡는다. 진행자가 '하나둘셋' 하면 카드를 보여주며 더한 숫자의 답을 말한다.
활동 2
① 팀원들이 손을 잡게 하고 진행한다.
② 진행자가 잡은 손을 한 번(꾹)을 누르면 주먹, 두 번(꾹꾹)을 누르면 가위, 세 번(꾹꾹꾹)을 누르면 보라는 규칙을 알려 준다.
③ 진행자가 첫 번째 학습자에게 주먹 그림의 카드 한 장을 보여준다.
④ 학습자는 카드를 확인하고 팀원의 손을 한 번 꾹 잡아준다.
⑤ 순서대로 마지막 학습자까지 전달이 되면 마지막 학습자는 손을 든다.</td><td>30′</td></tr>
</table>

전개	⑥ 진행자가 '주먹가위보'를 외치면 다 같이 오른손을 들어 전달받은 주먹을 동시에 낸다. 한 사람이라도 틀리면 실패한다. ※ 시작점 학습자를 교체하며 진행한다.	30′
마무리	■ **긍정박수** ♬우리 모두 다 같이 인사해 "격려" ■ **마음체조** (3페이지 QR코드 참고) ■ **마무리 인사 후 정리**	10′
준비물	가위바위보 카드	

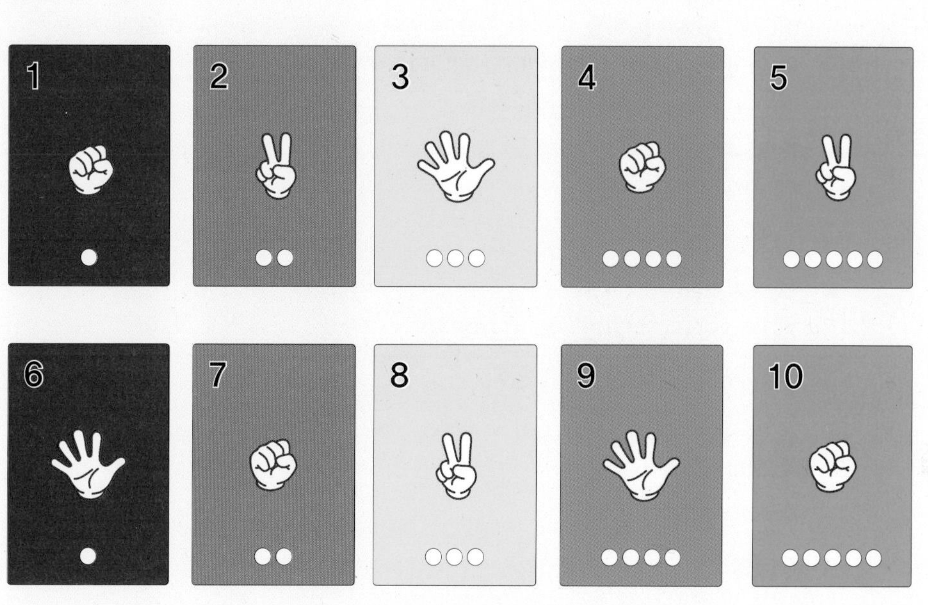

6-08 감정카드인지

8차시 홀짝을 맞춰라

학습 목표
1. 홀짝의 개념을 이해할 수 있도록 한다.
2. 홀짝놀이를 통하여 수리력과 판단력을 향상시킨다.

단계	내용	시간
도입	■ 인사 나누기 '소통'은 막히지 아니하고 잘 통하고 뜻이 서로 통하여 오해가 없다는 뜻입니다. 소통을 잘하기 위해서는 다른 사람의 말에 귀를 기울이고 고개를 끄덕이며 공감하는 능력을 발휘할 필요가 있으며, '소통'의 핵심은 기술과 기교가 아닌 진실과 진정성에 있다고 합니다. ♬우리 모두 다 같이 인사해 "소통" ■ 뇌건강 손유희 (3페이지 QR코드 참고)	10′
	■ 인지 활동지 – 3단계 8차시 : 시공간능력, 사고력 활동지 – 4단계 8차시 : 계산능력 활동지	10′
전개	■ 활동준비 – 숫자 카드를 준비한다. ■ 활동지도 ① 카드를 숫자가 보이지 않게 뒤집어 놓는다. ② 두 팀으로 나누고, 가위바위보로 순서를 정한다. ③ 각 팀의 1번 학습자들이 나와서 이긴 팀의 학습자가 카드를 집으면 진 팀에서 홀이나 짝을 말한다. ④ 맞추면 그 카드를 가져가고 못 맞추면 제자리에 내려놓는다. ※ 양쪽 선수가 번갈아 진행한다. ⑤ 각 팀의 2번 학습자들이 나와서 같은 방식으로 진행한다. ⑥ 각 팀의 두 명이 동시에 나와서 카드를 집고 위와 같은 방식으로 진행한다. ⑦ 모든 학습자가 한 번씩 활동한 후에 많은 카드를 가져온 팀에게 칭찬의 박수를 진 팀에게 격려의 박수를 보낸다.	30′

마무리	■ 긍정박수 ♬우리 모두 다 같이 인사해 "소통" ■ 마음체조 (3페이지 QR코드 참고) ■ 마무리 인사 후 정리	10′
준비물	숫자 카드	

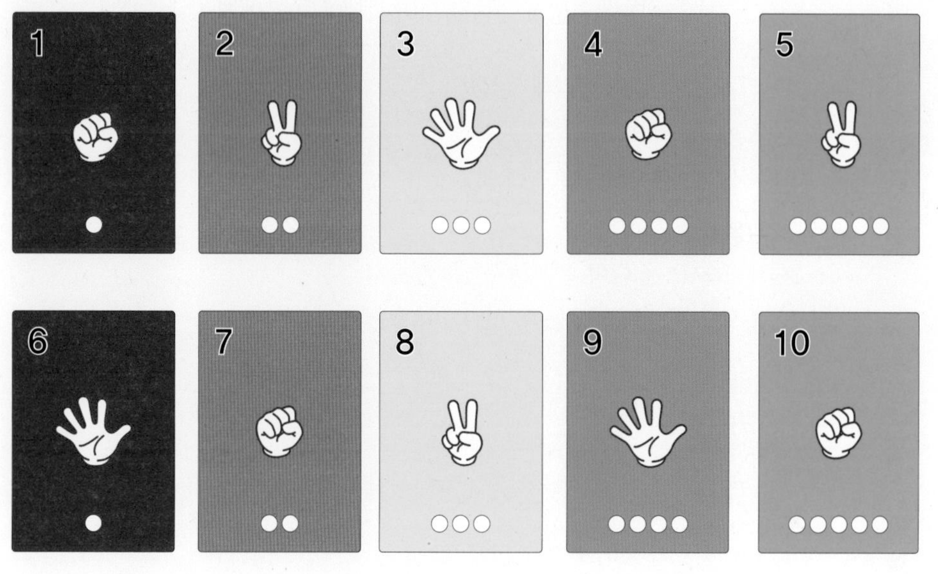

6-09 감정카드인지

9차시 색깔을 찾아 떠나요!

학습목표
1. 색깔 카드를 통해 색인지능력을 향상시킨다.
2. 색깔에 맞는 연상 단어를 표현함으로써 언어능력을 향상시킨다.

단계	내용	시간
도입	■ 인사 나누기 '긍정'은 서로에 대해 걱정과 관심을 보이게 되며, 서로에게 매우 친절하고 행복을 준다고 합니다. ♬우리 모두 다 같이 인사해 "긍정" ■ 뇌건강 손유희 (3페이지 QR코드 참고)	10′
	■ 인지 활동지 – 3단계 9차시 : 집중력, 문제해결능력 활동지 – 4단계 9차시 : 문제해결능력, 언어능력 활동지	10′
전개	■ 활동준비 – 색깔 카드를 준비한다. ■ 활동지도 활동 1 ① 색깔 카드가 보이게 책상 위에 펼쳐놓는다. ② 진행자가 카드를 보여주며 어떤 색깔이 있는지 알려준다. ③ 카드의 색깔 인지활동을 한다. ④ 진행자 : 다 같이 양손을 들어서 준비! 준비! 준비! 빨강을 외친다. 학습자 : 빨강카드 한 장을 든다. 진행자 : 다 같이 양손을 들어서 준비! 준비! 빨강, 노랑을 외친다. 학습자 : 빨강, 노랑 카드를 한 장씩을 든다. ⑤ ※ 색깔 카드 수를 차례로 늘려가며 진행한다. 활동 2 ① 진행자가 노랑 색깔 카드를 들고 연상되는 단어 말하기를 한다. 예) 참외–병아리–개나리–단무지–바나나 등 ② 진행자가 파랑 색깔 카드를 보여주며 강 이름 대기 예) 금강 – 낙동강 – 한강 – 두만강 – 압록강 등 ③ ※ 진행자가 임의로 색깔에 맞는 주제를 정하여 진행할 수 있다.	30′

마무리	■ **긍정박수** ♬우리 모두 다 같이 인사해 "긍정" ■ **마음체조** (3페이지 QR코드 참고) ■ **마무리 인사 후 정리**	10′
준비물	색깔 카드	

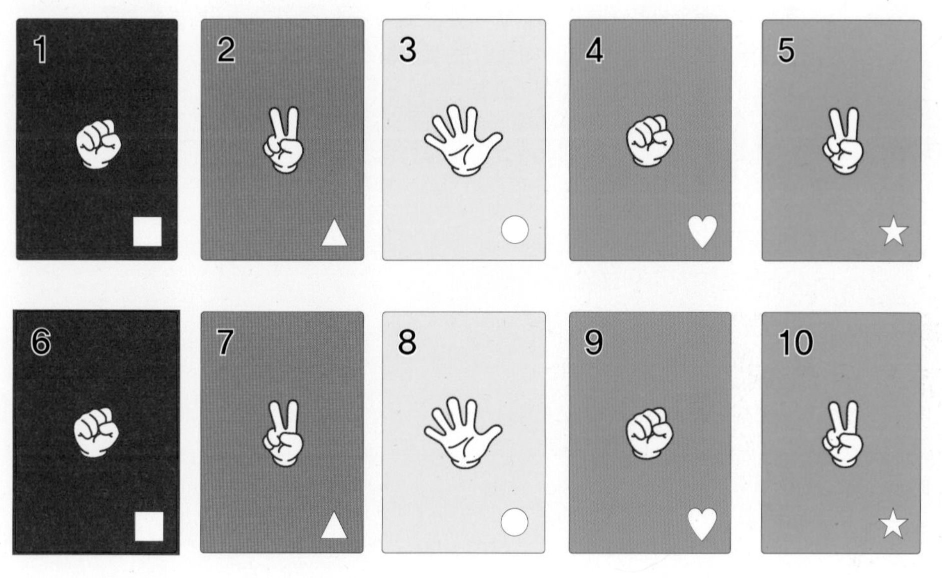

6-10 감정카드인지

10차시 도형순서 따라하기

학습 목표	1. 도형의 순서를 통해 시각인지력을 향상 시킨다. 2. 도형의 규칙찾기를 통해 문제해결능력을 향상시킬 수 있다.

단계	내용	시간
도입	■ 인사 나누기 '조화'란 세상 모든 것들이 함께 어울려 살아가는 것이라고 합니다. 서로 다른 것들이 하모니를 이루어 아름다운 세상을 만드는 것을 '조화'라고 합니다. ♬우리 모두 다 같이 인사해 "조화" ■ 뇌건강 손유희 (3페이지 QR코드 참고)	10′
	■ 인지 활동지 – 3단계 10차시 : 마음의 명상 활동지 – 4단계 10차시 : 마음의 명상 활동지	10′
전개	■ 활동준비 – 도형 카드를 5장씩 나누어 준다. ■ 활동지도 활동 1 ① 진행자가 카드에 5가지 도형이 있음을 설명한다. ② 각자가 가지고 있는 카드의 도형을 살펴본다. ③ 두 개의 도형 이어보기 – 진행자가 이야기하는 순서를 잘 듣고 그대로 나열한다. – ☆ □ 라고 이야기하면 학습자는 ☆ □ 를 순서대로 나열한다. – 진행자가 제시한 순서대로 완성하면 '만세'를 외친다. ④ 세 개의 도형 이어보기 – 진행자가 '☆♡○'라고 이야기하면 학습자는 ☆♡○를 나열 후 "만세"를 외친다. ⑤ 네 개, 다섯 개 도형을 늘려서 진행한다. 활동 2 (도형 규칙 찾기) ① 진행자가 도형 규칙을 보여주고 다음에 올 도형 카드를 찾게 한다. 예) ♡○♡○, ☆□△☆□△ 등 ② 학습자는 맞는 도형을 찾아서 보여주며 말한다.	30′

마무리	■ **긍정박수** ♬우리 모두 다 같이 인사해 "조화" ■ **마음체조** (3페이지 QR코드 참고) ■ **마무리 인사 후 정리**	10′
준비물	도형 카드	

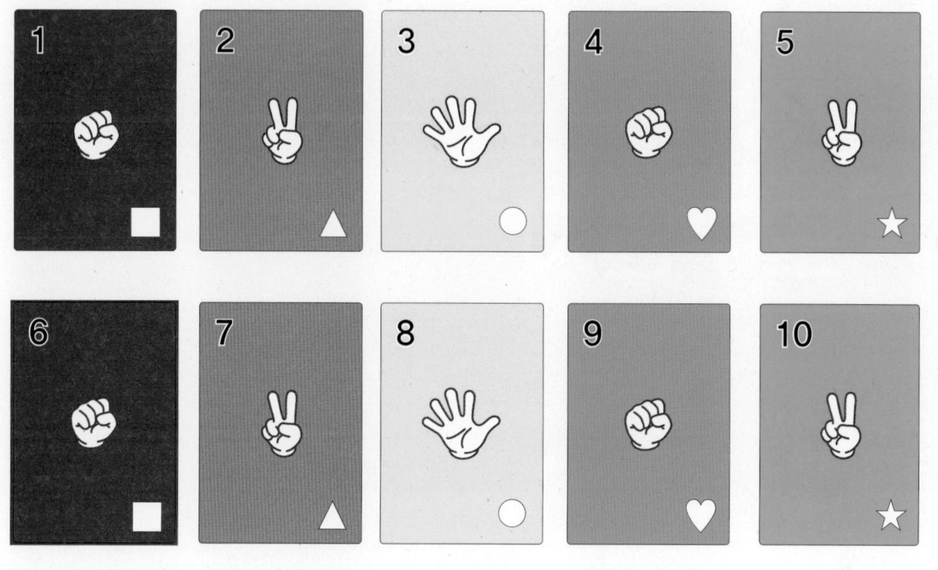

7장
도구인지

목표

노인은 여가활동을 통해 노후생활의 인간관계에서 오는 스트레스적인 상태로부터 벗어나 휴식을 취할 수 있다. 여가활동은 침체된 균형을 회복하여 노년기의 삶을 영위하는 중요한 결정적 요인이 된다.

노화로 인한 뇌기능 저하를 예방하며 뇌영역의 고른 발달을 기대 할 수 있다.

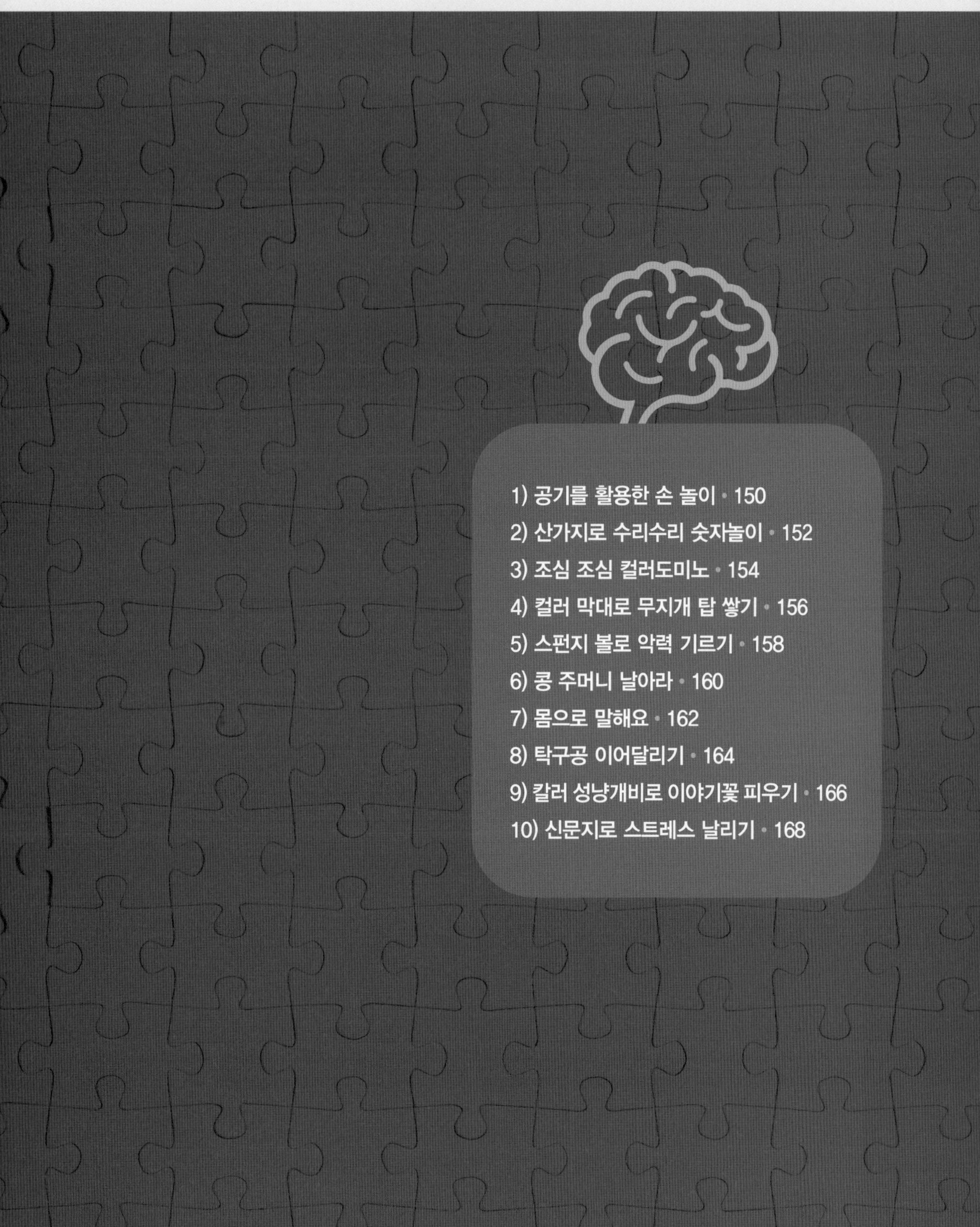

7장 도구인지

7-01 도구인지

1차시 공기를 활용한 손 놀이

학습 목표
1. 공기놀이로 소근육 활동을 도모한다.
2. 공기 전달 인지 활동으로 관계 형성의 중요성을 인식한다.

단계	내용	시간
도입	■ **까꿍 인사를 나누어 봅시다.** 까꿍 의 각(覺)은 '깨우치다'의 의미이고, 궁(窮)은 '다하다'는 뜻으로, 집중하고, 정신 차려서 '늘 깨어있자'라는 뜻입니다. 우리 오늘 늘 깨어있는 마음으로 "까꿍" 하고 까꿍인사를 해보겠습니다. ♬우리 모두 다 같이 인사해 "까꿍" ■ **뇌건강 체조** (3페이지 QR코드 참고)	10′
	■ **인지 활동지** – 5단계 1차시 : 시지각능력, 언어능력 활동지 – 6단계 1차시 : 시지각능력, 언어능력 활동지	10′
전개	■ **활동준비** – 공기를 활용한 인지 전달 활동의 공동체 협동놀이에 도움을 준다. – 놀이를 통해 너와 내가 '우리'를 만들어나가는 것을 인식시키고, '마음 열기'의 중요성을 알린다. – 공기 하나씩을 나눠준다. ■ **활동지도** ♬우리 모두 다 같이 집중해 "까꿍" ① 공기를 귀에 가까이 대고 흔들어 소리를 듣는다. (공기로 양쪽 귀 청력 테스트) ② 공기를 손바닥에 놓고 양손 비벼가며 마사지를 한다. ③ 공기를 한 손씩 던져 받는다. ④ 공기를 손등에 올려 던져 받고 손등 마사지를 한다. (빈대떡 부치기)	30′

전개	⑤ 공기를 엄지와 검지 사이에 끼고 반대 손으로 옮긴다. (손가락 순서대로, 엄지에서 소지까지 왕복 옮기기) ⑥ 양손 깍지를 끼고 양손의 검지만 빼서 검지로 공기를 잡아 손안에 넣었다 빼기를 한다(반복 10회-과일 먹고, 소화를 시켜서, 응~~) ⑦ 6번 동작으로 공기를 옆 사람에게 전달한다. ⑧ 공기로 더하기와 빼기 놀이를 한다.	30′
마무리	■ **마음체조** ♬우리 모두 다 같이 체조해 "까꿍" (3페이지 QR코드 참고) ■ **마무리 인사 후 정리** 늘 깨어있는 마음으로 '까꿍' 하고 까꿍인사로 마무리한다.	10′
준비물	공기 / 음악	

도구인지 (7-01)

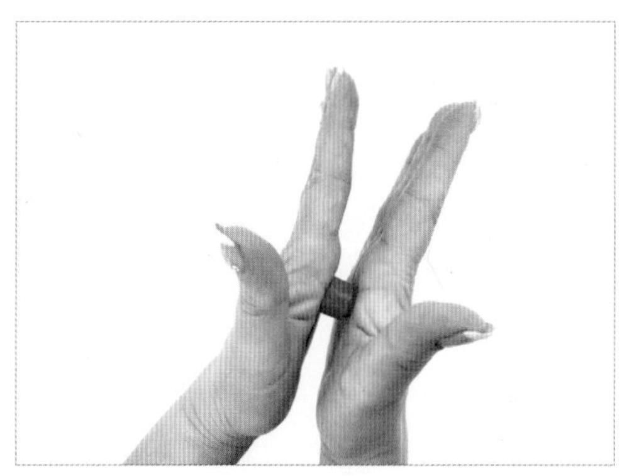

활동지도 ②

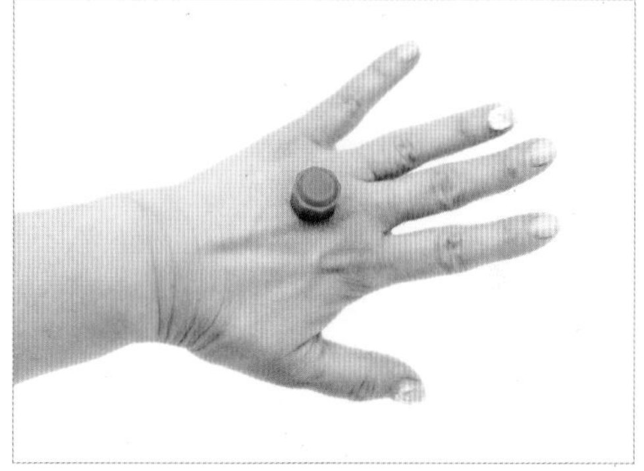

활동지도 ④

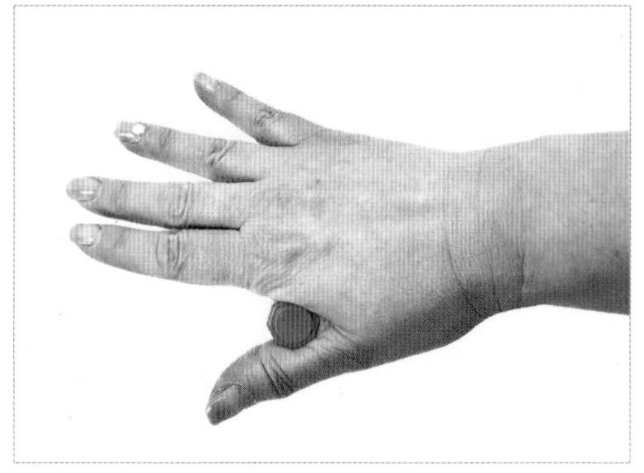

활동지도⑤

활동지도 ⑥

7-02 도구인지

2차시 산가지로 수리수리 숫자놀이

학습 목표
1. 산가지 활동을 통해 5가지 색깔을 인지한다.
2. 산가지의 수 인지 활동으로 계산능력을 높인다.

단계	내용	시간
도입	■ **까꿍 인사 와 '불아불아'의 뜻 알아봅시다.** ♬우리 모두 다 같이 인사해 "까꿍" '불아불아'는 하늘처럼 맑은 우리가 하늘에서 내려왔다가 다시 하늘로 돌아가는 귀한 존재라는 뜻입니다. 다 같이 몸을 좌~우로 흔들흔들 움직이며 "난 귀한 존재야"라고 외쳐 봅니다. ■ **뇌건강 체조** (3페이지 QR코드 참고)	10′
	■ **인지 활동지** – 5단계 2차시 : 계산능력, 문제해결능력 활동지 – 6단계 2차시 : 계산능력, 문제해결능력 활동지	10′
전개	■ **활동준비** – 각기 다른 색깔의 산가지 100개와 주사위를 준비한다. – 빨강 1, 주황 2, 노랑 3, 초록 4, 파랑 5 각각의 산가지에 숫자를 연상한다. ※색깔은 달리할 수 있다. ■ **활동지도1** ♬우리 모두 다 같이 집중해 "까꿍" ① 산가지를 가운데에 섞어놓는다. ② 모두들 양손을 들어 작은별 노래를 부른다. "반짝 반짝 작은별 아름답게 비추네~" ③ 순서대로 한 명씩 먼저 자기가 부르고 싶은 산가지의 숫자와 개수를 부른다. "일 5개"라고 외치면 빨강색 산가지를 5개 가지고 온다. 이어서 "삼 2개"라고 외치면 노랑색 산가지를 2개 가지고 간다. ④ 같은 방식으로 모든 산가지가 없어질 때까지 진행한다. 가장 많이 가지고 간 사람이 승리한다. ■ **활동지도2** ① 산가지를 가운데에 섞어놓는다. ② 주사위를 던져 나온 숫자만큼 산가지를 가져온다. ※ 색깔은 상관없다.	30′

전개	③ 같은 방식으로 모든 산가지가 없어질 때까지 진행한다. 가장 많이 가지고 간 사람이 승리한다.	30′
마무리	■ **마음체조** ♬우리 모두 다 같이 체조해 "까꿍" (3페이지 QR코드 참고) ■ **마무리 인사 후 정리** – 다시 한번 다 같이 몸을 좌 · 우로 흔들흔들 움직이며 "난 귀한 존재야"라고 외쳐 보며 수업을 마무리한다.	10′
준비물	산가지 / 주사위 / 음악	

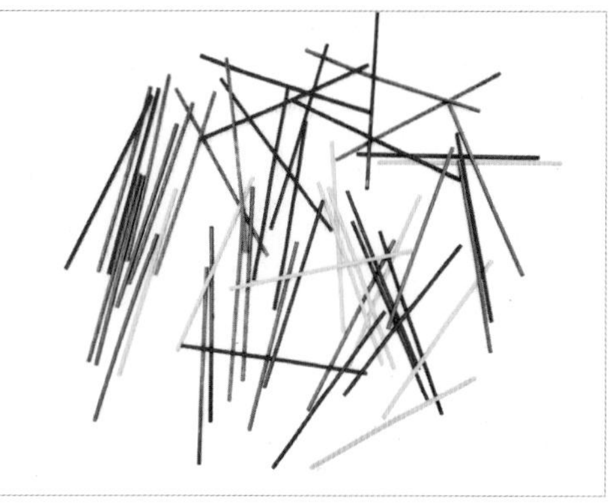

7-03 도구인지

3차시 조심 조심 컬러 도미노

학습 목표
1. 도미노 활동을 통해 눈과 손의 협응력을 제고한다.
2. 도미노 인지활동으로 공간지각 및 시공간 능력을 높인다.

단계	내용	시간
도입	■ **까꿍 인사 와 도리도리 의 뜻 알아봅시다.** ♬우리 모두 다 같이 인사해 "까꿍" 도리도리는 길도(道)에 다스릴리(理)로 "인생을 살아가며 주변을 살피며, 도리를 지키며 살아가자"라는 뜻을 가지고 있습니다. 다 함께 '도리도리'하면서 주변을 살펴볼까요? 살피면서 따뜻한 눈빛도 전해 봅니다. ■ **뇌건강 체조** (3페이지 QR코드 참고)	10′
	■ **인지 활동지** – 5단계 3차시 : 기억력, 집중력 활동지 – 6단계 3차시 : 기억력, 집중력 활동지	10′
전개	■ **활동준비** – 도미노 활동을 통하여 주의집중 및 공간지각 향상에 도움을 준다. – 도미노 판 또는 색 분필을 준비한다. – 개인별로 도미노 20개씩을 나눠준다. ■ **활동지도** ♬우리 모두 다 같이 집중해 "까꿍" ① 도미노 2개씩 바닥에 눕혀서 가로세로 겹쳐서 10단을 쌓는다. ② 도미노 2개씩 바닥에 세우고 눕히고 반복하여 5단을 쌓는다. ③ 도미노 간격을 맞추어 일렬로 (■ ■ ■) 20줄 세우고 무너트린다. ④ 도미노 S 자로 세우고 무너트린다. ⑤ 도미노 Y 자로 세우고 무너트린다. ⑥ 도미노 터널 만들고 무너트린다. ⑦ 도미노 짝꿍과 함께 언덕 만들고 무너트린다.	30′
마무리	■ **마음체조** ♬우리 모두 다 같이 체조해 "까꿍" (3페이지 QR코드 참고) ■ **마무리 인사 후 정리** 늘 '도리도리'하면서 주변을 살필 줄 아는 우리가 되어 본다.	10′

준비물 도미노 / 음악

조심조심 컬러 도미노 (7-03)

활동지도 ③

활동지도 ④

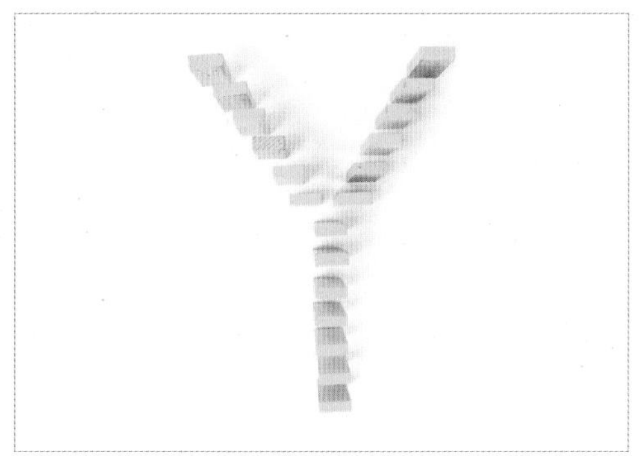

활동지도 ⑤

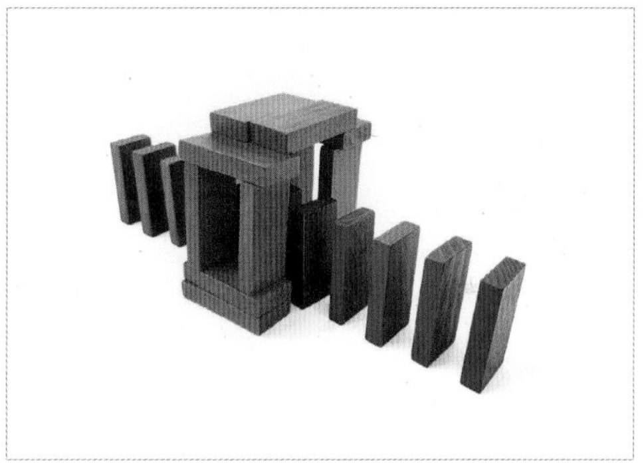

활동지도 ⑥

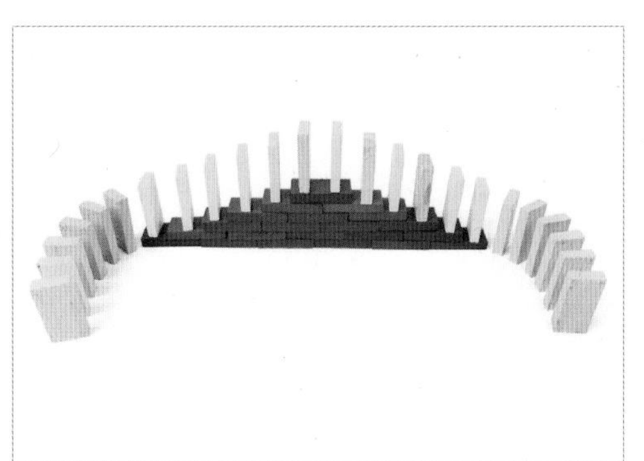

활동지도 ⑦

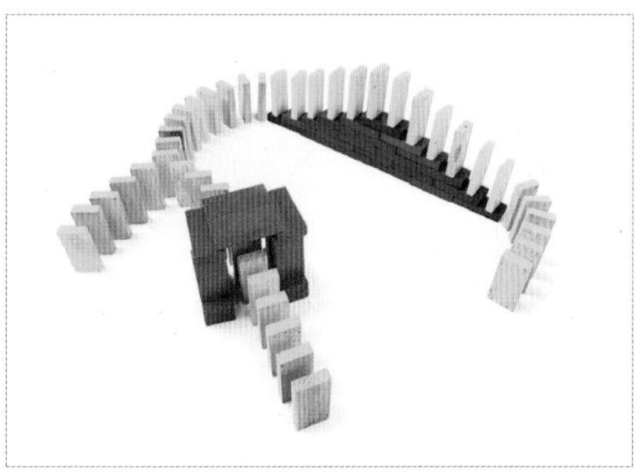

활동지도 ⑥ ⑦

7-04 도구인지

4차시 컬러 막대로 무지개 탑 쌓기

학습 목표
1. 컬러 막대 활동을 통해 다양한 색의 감각과 주의집중력을 향상시킨다.
2. 다양한 형태의 탑 쌓기 활동으로 시지각력을 높인다.

단계	내용	시간
도입	■ **까꿍 인사와 '시상시상'의 뜻 알아봅시다.** ♬우리 모두 다 같이 인사해 "까꿍" '불아불아'가 귀한 존재였다면 '시상시상'은 몸을 앞, 뒤로 끄덕이며 '몸을 귀히 여겨 함부로 하지 말라'라는 뜻입니다. 다 함께 몸을 앞, 뒤로 끄덕이며 '시상시상'을 외치고 "내 몸은 귀한 것이여"라고 말해 볼까요? 우리 모두 다 함께 "내 몸은 귀한 것이여" 잘했어요. ■ **뇌건강 체조** (3페이지 QR코드 참고)	10′
	■ **인지 활동지** – 5단계 4차시 : 언어능력 활동지 – 6단계 4차시 : 언어능력 활동지	10′
전개	■ **활동준비** – 컬러 막대 탑 쌓기 활동으로 손가락 운동 및 집중력을 도모한다. – 5가지 색상의 컬러 막대기를 1인 50개 정도 나눠준다. – 2명씩 짝을 지어 활동한다. ■ **활동지도** ♬우리 모두 다 같이 집중해 "까꿍" ① 짝꿍과 함께 # 우물 모양을 순서대로 탑을 쌓는다. (20단) ② 우물 모양의 탑을 트위스트 모양으로 좌, 우 틀어준다. ③ 짝꿍과 함께 삼각형△ 모양을 순서대로 탑을 쌓는다. (15단) ④ 삼각형 탑으로 천국의 계단을 만든다. ⑤ 짝꿍과 함께 오각형⬠ 모양을 순서대로 탑을 쌓는다. (20단)	30′
마무리	■ **마음체조** ♬우리 모두 다 같이 체조해 "까꿍" (3페이지 QR코드 참고) ■ **마무리 인사 후 정리** 만든 탑이 멋지고 귀한 것처럼 나의 몸도 귀하게 생각하여 예뻐해 준다.	10′

준비물 컬러 막대 / 음악

컬러 막대로 무지개 탑 쌓기 (7-04)

활동지도 ①

활동지도 ②

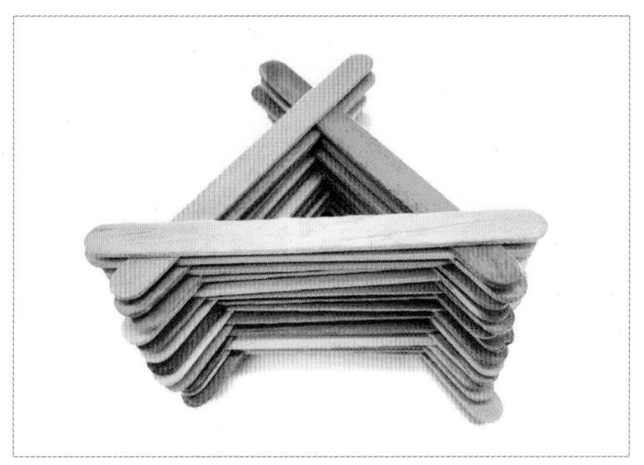

활동지도 ③

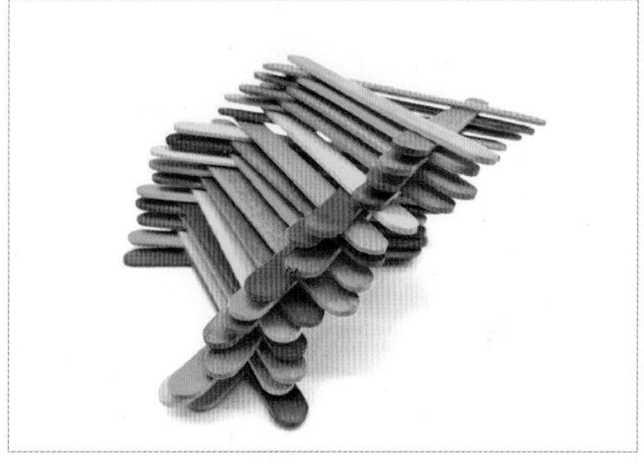

활동지도 ④

7-05 도구인지

5차시 스펀지 볼로 악력 기르기

학습목표
1. 스펀지 볼 활동을 통해 근력을 향상시킨다.
2. 다양한 스펀지 볼 활동으로 운동강도 조절능력을 높인다.

단계	내용	시간
도입	■ **까꿍 인사와 잼잼(지암지암)의 뜻 알아봅시다.** ♬우리 모두 다 같이 인사해 "까꿍" '가질 지(持)'에 '닫힐문 암(闇)'이란 뜻으로, 손을 쥐었다 폈다 하면서 쥘 줄 알았으면 놓을 줄도 알라는 뜻을 담고 있습니다. 또한 '잘해보자, 힘내자'라는 동작의 언어로도 쓰입니다. 이번엔 제가 "잘해보자"하면 큰소리로 "지암"하고 외쳐주세요. ■ **뇌건강 체조** (3페이지 QR코드 참고)	10′
	■ **인지 활동지** – 5단계 5차시 : 시지각능력 활동지 – 6단계 5차시 : 시공간능력, 문제해결능력 활동지	10′
전개	■ **활동준비** – 스펀지 볼로 힘 기르기 근력 활동 손체조를 한다. – 1인 스펀지 볼 2개씩 나눠준다. ■ **활동지도** ♬우리 모두 다 같이 집중해 "까꿍" ① 스펀지 볼 1개로 오른손 던져 왼손 받기 10회를 한다. ② 스펀지 볼 1개를 손바닥에 놓고 굴려본다. ③ 스펀지 볼 1개를 손바닥에 놓고 세로로 누른다. ④ 스펀지 볼 1개를 바닥에 놓고 가로로 오른손(왼손)으로 누른다. ⑤ 스펀지 볼을 양손에 하나씩 놓고 번갈아 가며 쥐고 · 펴기를 10회 한다. ⑥ 스펀지 볼을 양손에 하나씩 손끝으로 잡고 번갈아 가며 누르기를 10회 한다. ⑦ 스펀지 위의 동작을 음악에 맞추어 반복한다.	30′

마무리	■ **마음체조** ♬우리 모두 다 같이 체조해 "까꿍" (3페이지 QR코드 참고) ■ **마무리 인사 후 정리** – '지암 지암 힘내자'라고 외친 것처럼, 오늘 우린 나의 몸에도 힘 기르기를 했습니다. '우리 다 같이 힘내자'하면 "지암" 외치고 마무리한다.	10′
준비물	스펀지 볼 / 음악	

스펀지 볼로 악력 기르기 (7-05)

활동지도 ③

활동지도 ④

활동지도 ⑤

활동지도 ⑥

7-06 도구인지

6차시 콩 주머니 날아라

학습 목표
1. 콩주머니 활동을 통해 신체활동 및 주의집중력을 향상시킨다.
2. 과녁 맞추기 신체활동으로 시초체력을 향상시킨다.

단계	내용	시간
도입	■ **'까꿍 인사'와 '어비어비'의 뜻 알아봅시다.** ♬우리 모두 다 같이 인사해 "까꿍" 어비어비는 이치에 맞지 않는 행동을 할 때 나오는 말입니다. 우리 모두 이치에 맞는 행동을 잘하자는 충고의 의미로 '어비어비'라고 말해 봅니다. ■ **뇌건강 손유희** (3페이지 QR코드 참고)	10′
	■ **인지 활동지** – 5단계 6차시 : 시지각능력, 문제해결능력 활동지 – 6단계 6차시 : 시지각능력, 문제해결능력 활동지	10′
전개	■ **활동준비** – 1점~10점이 그려져 있는 현수막 천의 과녁판을 바닥에 붙여 놓는다. – 1인 콩 주머니 1개씩을 나눠준다. – 점수와 실격 등의 사례를 알려드리고 정확한 규칙을 숙지시킨다. ■ **활동지도** ♬우리 모두 다 같이 집중해 "까꿍" ① 팀을 정하고, 팀명을 만들어 구호를 외친다. ② 정면에서 오른손으로 던진다. ③ 정면에서 왼손으로 던진다. ④ 뒤로 돌아 오른손으로 던진다. ⑤ 뒤로 돌아 왼손으로 던진다. ⑥ 정면에서 오른손 손등에 올려놓고 던진다. ⑦ 정면에서 왼손 손등에 올려놓고 던진다. ⑧ 다양한 방식의 신체활동 과녁놀이에 대하여 설명을 한다.	30′

마무리	■ **마음체조** ♬우리 모두 다 같이 체조해 "까꿍" (3페이지 QR코드 참고) ■ **마무리 인사 후 정리** 이치에 맞는 규칙과 질서를 지켜나가는 우리가 되시길 바라며 마무리한다.	10′
준비물	현수막 천 과녁판 / 투명테이프 / 콩 주머니 / 음악 / 점수판 / 매직	

과녁판

7-07 도구인지

7차시 몸으로 말해요

학습목표
1. 고리(링) 활동을 통해 신체의 유연성과 언어 전달력을 향상시킨다.
2. 스토리텔링 활동으로 언어구사능력을 높인다.

단계	내용	시간
도입	■ **'까꿍 인사'와 '곤지곤지'의 뜻 알아봅시다.** ♬우리 모두 다 같이 인사해 "까꿍" '곤지곤지'는 '땅 곤(坤)'자에 '땅 지(地)'자입니다. 땅을 잘 가꾸어 덕을 쌓으라는 의미를 가지고 있습니다. 우리 손바닥에 "곤지곤지"하면서 우리의 소중한 땅을 가꾸어 봅시다. ■ **뇌건강 손유희** (3페이지 QR코드 참고)	10′
	■ **인지 활동지** – 5단계 7차시 : 문제해결능력 활동지 – 6단계 7차시 : 문제해결능력 활동지	10′
전개	■ **활동준비** – 고리 활용 신체 언어활동을 한다. – 신체활동 영역에 스토리를 부여한다. (예: 팔은 물건을 들어 줍니다. 두 발은 경로당에 데려다줍니다. 등) – 둥글게 앉아서 활동한다. ■ **활동지도** ♬우리 모두 다 같이 집중해 "까꿍" ① 고리하나를 나의 목에 걸고 본인 이름을 말하고 옆 사람에게 전달한다. ② 고리를 오른팔에 걸고 옆 사람에게 미소를 짓고 전달한다. 반대로 왼팔에 걸고 옆 사람에게 미소를 짓고 전달한다. ③ 고리를 바닥에 놓고 발로 밀어서 "아자" 구호를 외치며 옆 사람에게 전달한다. ④ 고리 색깔에 맞추어 신체 부위를 인지한다. (예: 빨강 고리–목, 초록고리–팔, 노랑고리–발끝) ⑤ 음악에 맞추어 색깔 고리를 목, 팔, 발끝으로 전달한다. ⑥ 고리 던지기를 한다.	30′

마무리	■ **마음체조** ♬우리 모두 다 같이 체조해 "까꿍" (3페이지 QR코드 참고) ■ **마무리 인사 후 정리** "곤지곤지"하며 우리의 땅과 우리 몸의 소중함을 생각하며 마무리한다.	10′
준비물	고리, 고깔	

고리

7-08 도구인지

8차시 탁구공 이어달리기

학습 목표
1. 탁구공 활동을 통해 집단내의 협동의식을 강화하고 주의집중력을 향상시킨다.
2. 다양한 도구의 전달 활동으로 시지각력을 높인다.

단계	내용	시간
도입	■ **까꿍 인사 와 '섬마섬마'의 뜻을 알아봅시다.** ♬우리 모두 다 같이 인사해 "까꿍" '섬마섬마'는 '의존하지 말고 스스로 일어나 굳건히 살아가라'라는 뜻을 가지고 있습니다. '우리 굳건히 잘살아보자'라는 의미로 '섬마섬마'를 외쳐 보겠습니다. ■ **뇌건강 손유희** (3페이지 QR코드 참고)	10′
	■ **인지 활동지** – 5단계 8차시 : 계산능력, 문제해결능력 활동지 – 6단계 8차시 : 계산능력 활동지	10′
전개	■ **활동준비** – 탁구공 활용 집중력 관계 형성 활동 – 색칠한 계란판 2개를 준비한다. – 탁구공, 표주박(종이컵), 숟가락을 나눠준다. ■ **활동지도** ♬우리 모두 다 같이 집중해 "까꿍" ① 둥글게 앉아 표주박(종이컵)에 탁구공을 올려놓고 전달(연습)을 한다. ② 둥글게 앉아 음악에 맞춰 표주박(종이컵)에 탁구공을 올려놓고 전달하여 계란판에 채운다. ③ 둥글게 앉아 음악에 맞춰 숟가락에 탁구공을 올려놓고 전달하여 계란판에 채운다. ④ 컬러색칠 한 계란판에 점수를 정한 다음 탁구공을 던져 받는다. 노랑–10점 / 파랑, 빨강, 검정–5점 / 흰색–꽝!!	30′

마무리	■ **마음체조** ♬우리 모두 다 같이 체조해 "까꿍" (3페이지 QR코드 참고) ■ **마무리 인사 후 정리** '섬마섬마', 스스로 일어나듯이 우리도 스스로 일어나 함께 할 수 있다는 것을 기억한다.	10′
준비물	계란판 2개 / 탁구공 / 표주박(종이컵) / 숟가락	

탁구공 이어달리기 (7-08)

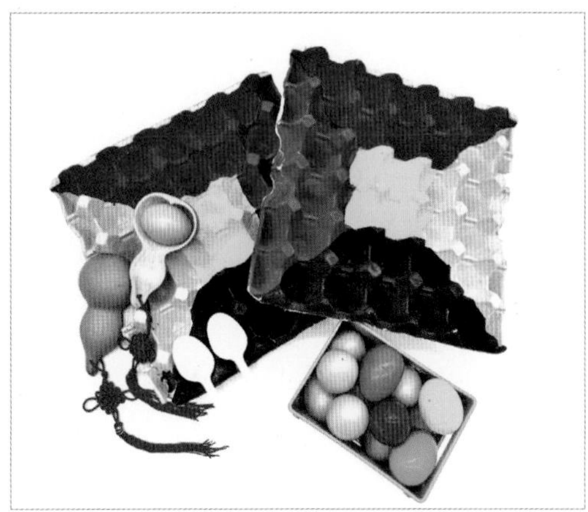

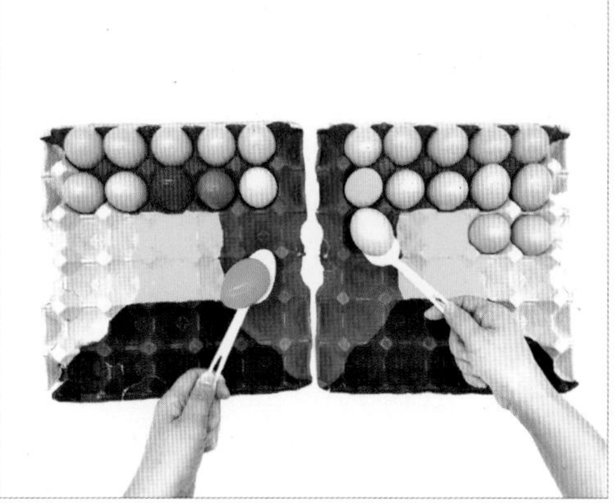

7-09 도구인지

9차시 컬러 성냥개비로 이야기꽃 피우기

학습 목표	1. 컬러 성냥개비 활동을 통해 다양한 색의 감각과 주의집중력을 향상시킨다. 2. 만들기와 스토리텔링 활동으로 언어구사능력을 높인다.

단계	내용	시간
도입	■ **까꿍 인사 와 '훨훨' 뜻 알아봅니다.** ♬우리 모두 다 같이 인사해 "까꿍" '훨훨'은 '양팔을 벌려 춤을 추듯 즐겁게 살아라'라는 뜻을 가지고 있습니다. 우리 양팔을 벌려 양팔을 흔들며 훨훨 외치며 덩실덩실 어깨춤을 추어 봅시다. ■ **뇌건강 손유희** (3페이지 QR코드 참고)	10′
	■ **인지 활동지** – 5단계 9차시 : 집중력, 계산능력 활동지 – 6단계 9차시 : 언어능력, 문제해결능력 활동지	10′
전개	■ **활동준비** – 너, 나가 아닌 우리라는 공동체의 따뜻함을 알려 준다. – 컬러 성냥개비 스토리텔링 – 컬러 성냥개비 1인당 50개 정도 나눠준다. ■ **활동지도** ♬우리 모두 다 같이 집중해 "까꿍" ① 색깔별로 분류한다. ② 도형을(삼각형, 사각형, 오각형, 육각형)만든다. ③ 집 모양 만들고 이야기를 나눈다. ④ 컬러성냥개비로 각자 이름을 만들어 본다. ⑤ 한 사람씩 주인공이 되어 큰소리로 본인의 이름을 외친다. (구성원들은 주인공의 이름을 크게 불러준다) ⑥ 컬러성냥개비로 본인이 제일 좋아하는 꽃을 만든 다음 돌아가며 나의 꽃을 소개한다. ⑦ 나의 예쁜 얼굴을 만든다. ※ 대상자 수준에 맞추어 진행하기	30′

마무리	■ **마음체조** ♬우리 모두 다 같이 체조해 "까꿍" (3페이지 QR코드 참고) ■ **마무리 인사 후 정리** 양팔을 벌려 훨훨 어깨춤을 추며 즐거운 인생을 생각하면서 수업을 마무리 한다.	10′
준비물	컬러 성냥개비 / 음악	

컬러 성냥개비로 이야기꽃 피우기 (7-09)

준비물 - 컬러 성냥개비

활동지도 ④

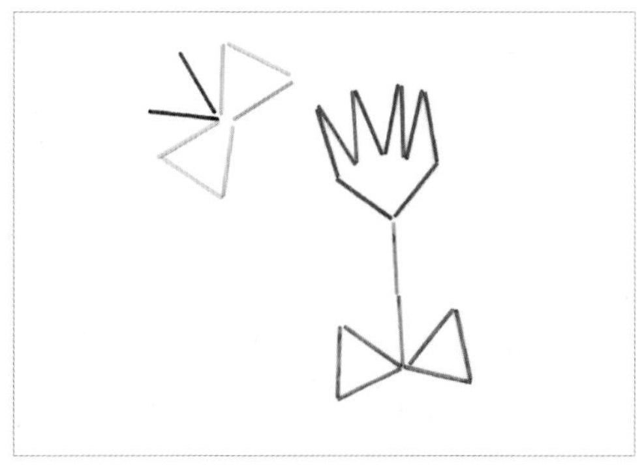

활동지도 ⑥

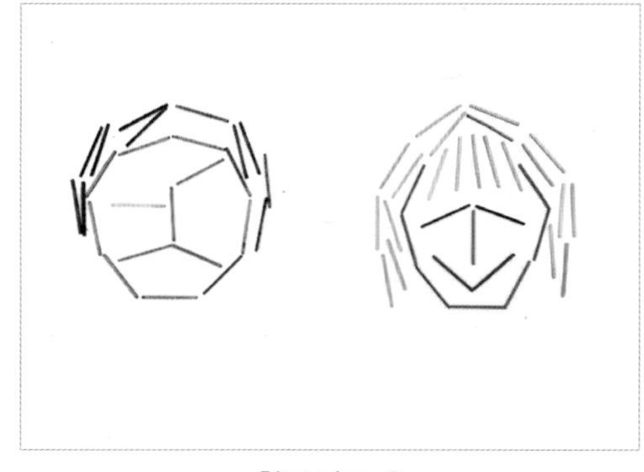

활동지도 ⑦

7-10 도구인지

10차시 신문지로 스트레스 날리기

학습 목표
1. 신문지 활동을 통해 스트레스 관리 및 주의집중력을 향상시킨다.
2. 신문을 활용한 다양한 인지 활동으로 문제해결 능력을 높인다.

단계	내용	시간
도입	■ **까꿍 인사 와 '짝짜꿍' 뜻 알아봅니다.** ♬우리 모두 다 같이 인사해 "까꿍" 조화롭고 신날 때 치는 것이 짝짜꿍입니다. 음양의 조화, 남녀의 조화, 하늘과 땅의 조화, 불과 물의 조화입니다. 제가 "짝짝꿍"하면 여러분은 손뼉을 3번 치며 "신난다"라고 외쳐주세요. ■ **뇌건강 손유희** (3페이지 QR코드 참고)	10′
	■ **인지 활동지** – 5단계 10차시 : 마음의 명상 활동지 – 6단계 10차시 : 마음의 명상 활동지	10′
전개	■ **활동준비** – 신문지로 스트레스 관리 활동 – 신문지를 많이 준비한다. ■ **활동지도** ♬우리 모두 다 같이 집중해 "까꿍" ① 각자 신문지 한 장으로 길게 이어 찢는다. ② 신문지 손바닥으로 비벼 새끼 꼬기로 이어 붙인다. ③ 짝을 지어 신문지 격파하기로 스트레스를 날린다. ④ 신문지 딱지를 접는다. (딱지 접는 순서 알려주기) ⑤ 신문지 딱지의 앞면 뒷면으로 팀을 정하여 뒤집기 놀이를 한다. ⑥ 신문지딱지를 풀어 뭉쳐서 눈싸움 놀이를 한다. ⑦ 신문지를 모아 눈사람을 만든다.	30′
마무리	■ **마음체조** ♬우리 모두 다 같이 체조해 "까꿍" (3페이지 QR코드 참고) ■ **마무리 인사 후 정리** – 짝짝꿍 박수를 치며 조화로운 세상, 즐거운 세상을 만들어 가기위해 함께 약속하며 마지막 수업을 마무리한다.	10′

준비물	신문지/음악

신문지로 스트레스 날리기 (7-10)

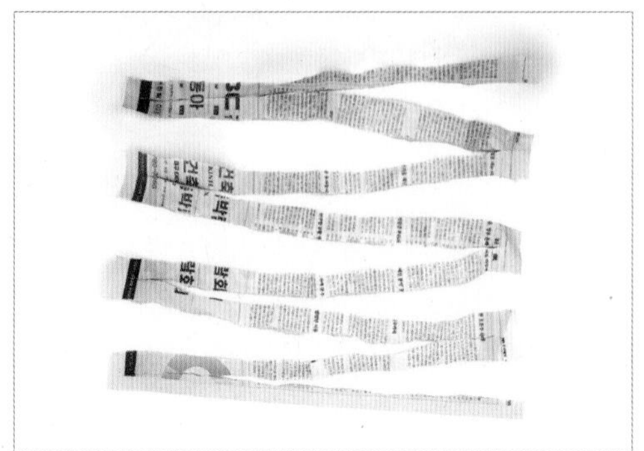

활동지도 ①

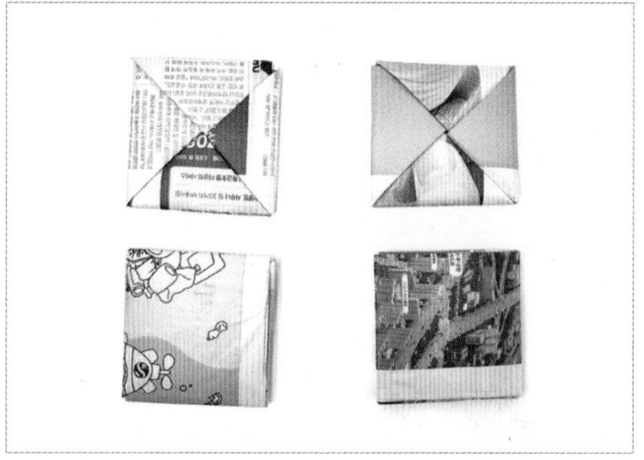

활동지도 ④

활동지도 ②

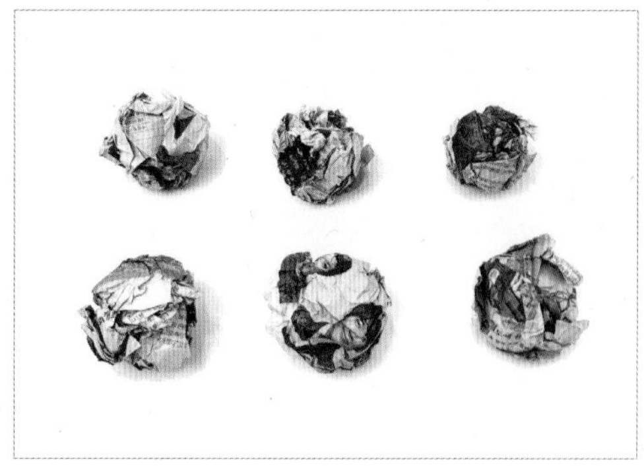

활동지도 ⑥

활동지도 ③

활동지도 ⑦

8장 교구인지

목표

정서적 안정을 위한 활동을 통하여 실버세대에게 인지능력을 높이고 인지장애예방을 위한 교구 조작활동은 눈과 손, 두뇌의 협응능력과 소근육 운동능력을 향상시킨다. 효과적인 교구활동은 전 부위 뇌를 자극하여 문제해결력, 집중력, 공간지각력 및 상호작용 능력을 유지, 향상시킨다.

8장 교구인지

8-01 교구인지

1차시 도형아 놀자!! 쉐입스 업

학습 목표
1. 도형의 모양과 크기 이해를 통해 변별력을 증진시킨다.
2. 쉐입스업 놀이를 통해 시 · 공간지각력을 향상시킨다.

단계	내용	시간
도입	■ 인사 나누기(영국의 슬라우 마을 행복프로젝트) 영국의 슬라우 마을의 이야기와 함께 '행복십계명'의 실천의 중요성에 대하여 설명한다. (자살률이 높았던 영국의 슬라우 마을을 행복 마을로 거듭나게 하기 위한 프로젝트입니다. '행복십계명'을 실천함으로써, '행복도 배우는 것이다'라는 사실을 깨우칩니다. 그러므로 우리도 앞으로 만날 때마다 함께 건강한 행복을 배워봐요.) 행복 십계명 첫 번째 '운동을 하라' 입니다. 일주일에 3회, 30분씩이면 충분하다. ♬우리 모두 다 같이 인사해 "행복" ■ 뇌건강 체조 (3페이지 QR코드 참고)	10′
	■ 인지 활동지 – 7단계 1차시 : 시지각능력, 언어능력 활동지	10′
전개	■ 활동 준비 – 책상을 가운데 두고 2~4명씩 마주보고 앉는다. – 도형 조각과 게임판, 주사위를 준비한다. ■ 활동지도 ♬우리 모두 다 같이 집중해 "행복" ① 각자 큰세모 8개, 작은세모 8개, 네모 4개와 게임판을 나눠준다. ② 도형 알아보기 게임을 진행한다. • 어떤 도형이 있는지 알아본다. • 도형 맞추기 게임을 한다.	30′

전개	예) 진행자가 책상을 두드리며 "준비, 준비, 준비, 큰 세모"를 외치면 학습자는 큰 세모 모양을 든다. ③ 주어진 도형을 모두 사용하여 게임판을 채운다. ④ 2~4명씩 조를 이루어 주사위를 던져 게임판 채우기를 한다. • 주사위를 던져 나온 도형을 게임판에 채우며 먼저 게임판을 모두 채우는 사람이 승리한다.	
마무리	■ **행복체조** ♬우리 모두 다 같이 체조해 "행복" (3페이지 QR코드 참고) ■ **마무리 인사 후 정리** – 운동을 하며 건강하고 행복한 날이 되었으면 좋겠습니다.	10′
준비물	쉐입스업	

도형아 놀자!! (8-01)

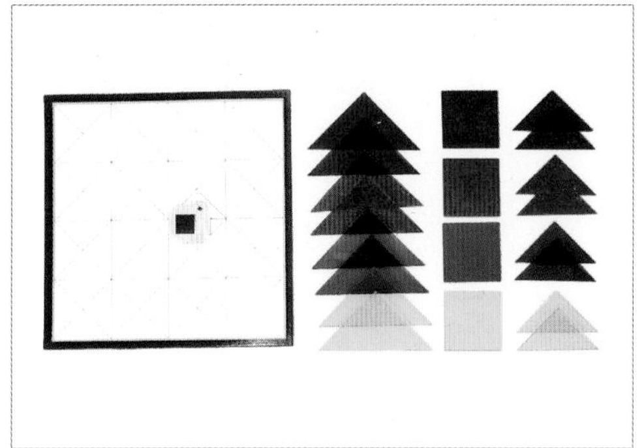

준비물

활동지도②

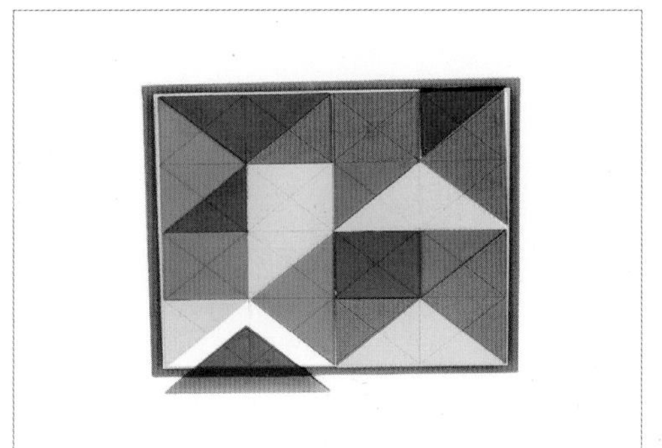

활동지도③

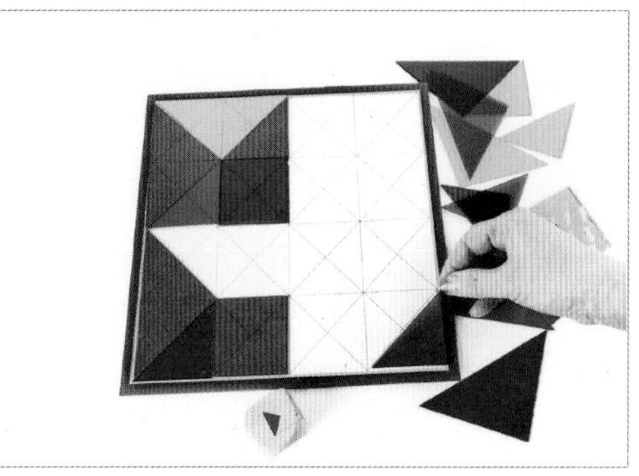

활동지도④

8-02 교구인지

2차시 나는 부자!! 만칼라

학습 목표
1. 구슬의 갯수를 파악하여 원하는 칸에 넣을 수 있도록 한다.
2. 많은 구슬을 모으기 위한 문제해결능력을 기른다.

단계	내용	시간
도입	■ **인사 나누기** ♬우리 모두 다 같이 인사해 "행복" 행복 십계명 두 번째 'TV 시청 시간을 반으로 줄여라'입니다. 나만의 취미활동을 준비해서 즐거운 활동이 될 수 있도록 합니다. 예) 그림 그리기, 노래 부르기, 책 읽기, 요리하기 등 행복도 배우고 실천하는 것이 중요합니다. ■ **뇌건강 체조** (3페이지 QR코드 참고)	10′
	■ **인지 활동지** – 7단계 2차시 : 계산능력 활동지	10′
전개	■ **활동준비** – 고대 이집트로부터 유래한 것으로 전해지며, 세계에서 역사가 오래된 놀이 중 하나이다. – 아프리카에서는 새로운 추장을 뽑을 때 이 놀이를 해서 이긴 사람을 지혜로운 사람이라고 여겨 승자를 추장으로 삼았다고 한다. – 만칼라를 준비한다. ■ **활동지도** ♬우리 모두 다 같이 집중해 "행복" ① 2명씩 짝을 이루어 활동을 한다. ② 둥근 홈에 4개씩 구슬을 넣어준다.(초보자는 3개 놓아도 된다) ③ 옮기기 연습을 한다. • 1번 홈의 구슬을 모두 꺼내서 2번 홈부터 차례대로 구슬을 한 개씩 넣는다. ④ 마지막 구슬이 자신의 만칼라에 넣는 연습을 한다. • 3번 홈에 있는 구슬을 모두 꺼내서 4번 홈부터 차례대로 하나씩 넣어주면 마지막 구슬을 내 만칼라에 넣을 수 있다. 이때, 마지막 구슬이 내 만칼라에 들어가면 한 번 더 구슬을 옮길 수 있다. ⑤ 만칼라 게임의 진행 방법을 인지한 후 게임을 시작한다. • 자신의 만칼라에 구슬이 더 많이 들어있는 사람이 승리한다.	30′

마무리	■ **행복체조** ♬우리 모두 다 같이 체조해 “행복” (3페이지 QR코드 참고) ■ **마무리 인사 후 정리** – TV 시청을 반으로 줄이고 즐겁게 하루를 보내면 좋겠습니다	10′
준비물	만칼라	

나는 부자!! 만칼라 (8-02)

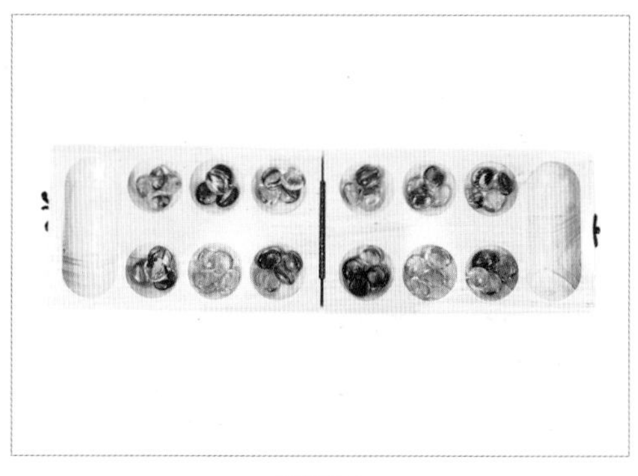

준비물

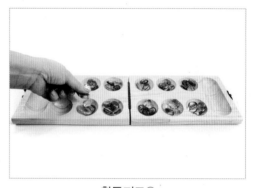

활동지도③

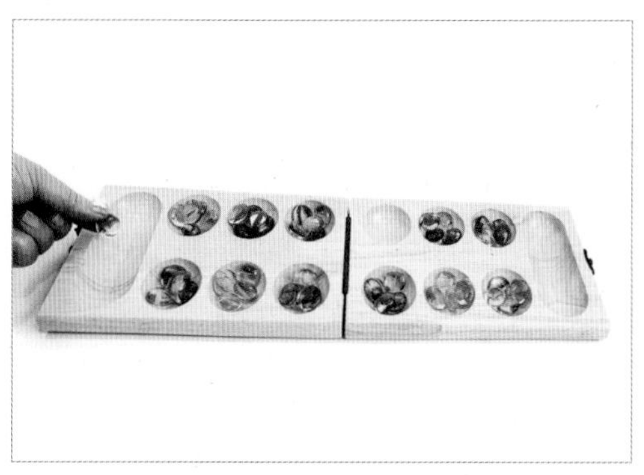

활동지도④

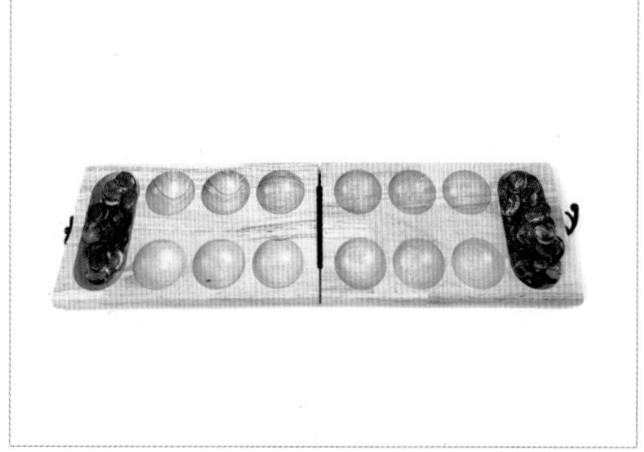

활동지도⑤

8-03 교구인지

3차시 징검다리 건너기 혼자고누

학습 목표
1. 혼자고누판의 말 이동을 통해 상황을 예측하고 논리적인 사고를 유도한다.
2. 최소한의 말을 남기기 위해 사고하며 문제해결력을 키운다.

단계	내용	시간
도입	■ **인사 나누기** ♬우리 모두 다 같이 인사해 "행복" 행복십계명 세 번째 '대화를 나누어라'입니다. 가족이나 친한 친구와 자주 대화를 나누어라 예) 짝꿍과 공통점 4가지씩 찾고 발표해 보기(좋아하는 음식, 색깔, 과일, 노래, 가수 등) ■ **뇌건강 체조** (3페이지 QR코드 참고)	10′
	■ **인지 활동지** – 7단계 3차시 : 기억력 활동지	10′
전개	■ **활동준비** – 고누는 땅에서 노는 바둑이다. – 특별한 말판이나 말이 필요 없이 말판은 종이나 땅바닥에 그리고 말은 바둑돌이나 동전, 작은 돌멩이, 나뭇잎 등을 사용하여 놀았다. – 혼자고누판, 바둑돌(말이라 칭함)을 준비한다. ■ **활동지도** ♬우리 모두 다 같이 집중해 "행복" ① 고누 놀이 도구와 놀이 방법에 대해 설명한다. • 상 · 하 · 좌 · 우 방향으로 건너뛰어 넘는다. • 건너뛰어 넘은 말은 밖으로 빼낸다. ② 아래 활동지도② 사진과 같이 말을 놓고 놀이방법을 연습한다. ③ 가운데 교차점에 말을 하나만 남기는 연습을 한다. • 가운데 교차점 한자리만 남기고 36개의 말을 교차점에 모두 놓는다. • 놀이방법 대로 말을 건너뛰어 말을 빼낸다. • 더 이상 빼낼 말이 없을 때까지 계속한다. • 몇 개가 남았는지 이야기한다. • 남은 말의 개수가 4개 이하가 될 수 있도록 연습한다.	30′

마무리	■ **행복체조** ♬우리 모두 다 같이 체조해 "행복" (3페이지 QR코드 참고) ■ **마무리 인사 후 정리** – 사람들과 대화를 많이 나누는 날이 되었으면 좋겠습니다.	10′
준비물	혼자고누판, 바둑돌	

징검다리 건너기 (8-03)

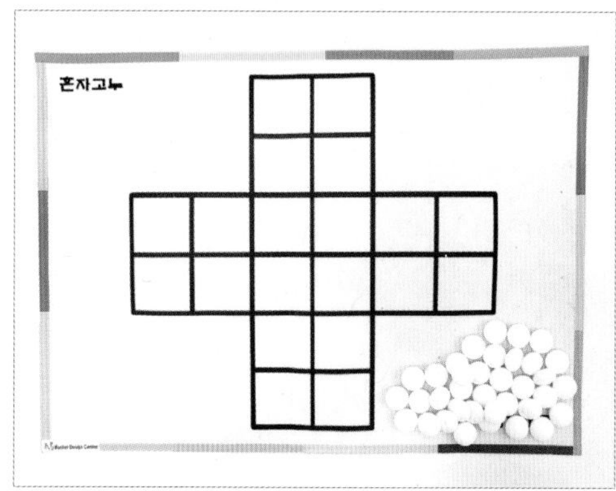

준비물

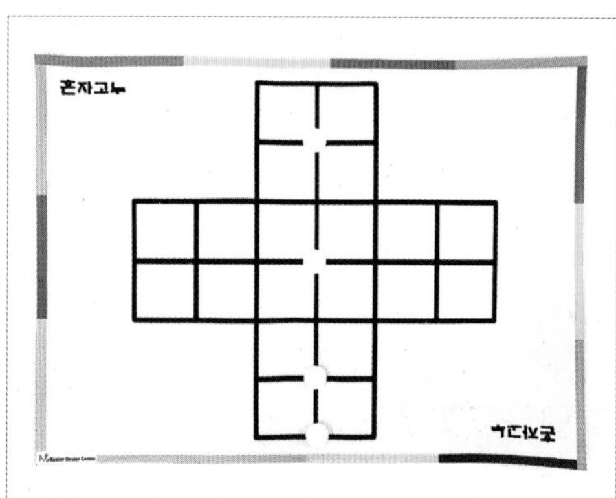

활동지도②

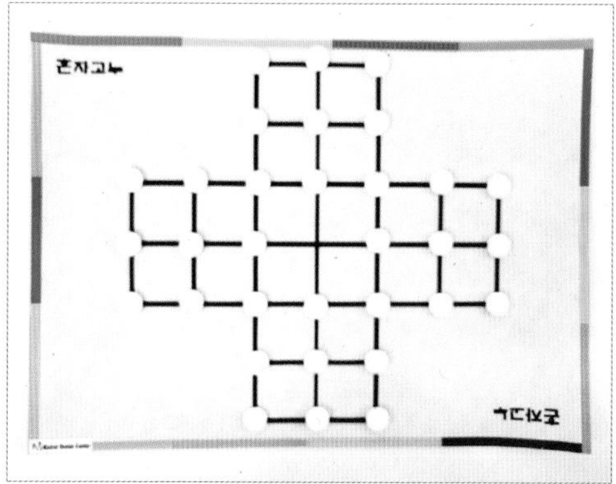

활동지도③

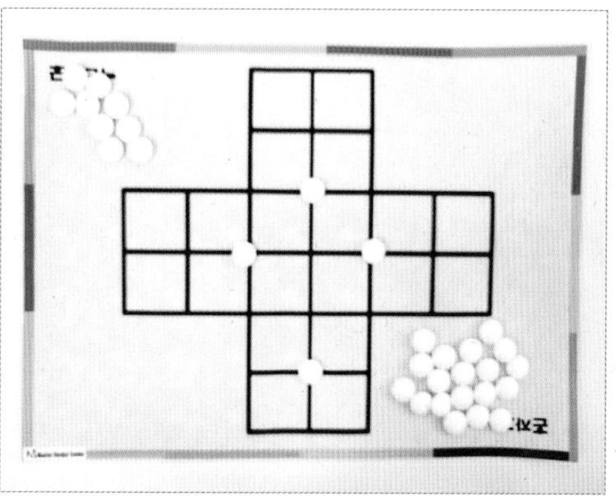

활동지도③–1

8-04 교구인지

4차시 탑을 쌓아보자!! 쌓기나무

학습목표
1. 쌓기나무를 손가락으로 옮기며, 눈과 손의 협응력을 키운다.
2. 쌓기나무의 색, 숫자인지를 통해 시지각, 수리력을 향상 시킨다.

단계	내용	시간
도입	■ **인사 나누기** ♬우리 모두 다 같이 인사해 "행복" 행복십계명 네 번째 '애완동물이나 식물을 가꾸어라'입니다. 요즘 주변에서 반려동물이나 반려식물을 많이 키우지요. 반려동물을 돌보는 게 힘들다면 식물을 키우는 것도 좋습니다. 예) 키우는 애완동물이나 식물 이야기하기 ■ **뇌건강 체조** (3페이지 QR코드 참고)	10′
	■ **인지 활동지** – 7단계 4차시 : 언어능력 활동지	10′
전개	■ **활동준비** – 쌓기나무는 정육면체 나무 블럭으로 수 세기, 규칙성, 입체 모양을 만들 수 있다. – 컬러 쌓기나무를 준비한다. ■ **활동지도** ♬우리 모두 다 같이 집중해 "행복" ① 쌓기나무의 색깔 인지 게임을 한다. 예) '빨강'이라고 진행자가 말하면 빨강색 쌓기나무를 든다. ② 진행자가 말하는 탑을 쌓는다. 예) '5층'이라 말하면 손으로 코끼리코를 하고 쌓기나무를 5개 쌓는다. ③ 쌓기나무 빼기 놀이를 한다. • 팀을 나누어 색깔별로 2개씩 나열해 놓는다. • 가위바위보를 해서 누가 먼저 할지 순서를 정한다. • 주사위를 던져 나온 색깔의 쌓기나무를 빼낸다. • 쌓기나무를 먼저 빼는 팀이 이긴다.	30′

마무리	■ **행복체조** ♬우리 모두 다 같이 체조해 "행복" (3페이지 QR코드 참고) ■ **마무리 인사 후 정리** – 애완동물이나 식물을 가꾸어 보면 좋겠습니다.	10′
준비물	컬러 쌓기나무, 포켓주사위	

탑을 쌓아보자!! 쌓기나무 (8-04)

준비물

활동지도①

활동지도②

활동지도③

8-05 교구인지

5차시 7조각 모양만들기 칠교

학습 목표
1. 칠교놀이에서 도형을 이해하고 정사각형 틀에 맞출 수 있도록 한다.
2. 다양한 모양을 만들어보면서 공간지각력을 향상시킨다.

단계	내용	시간
도입	■ **인사 나누기** ♬우리 모두 다 같이 인사해 "행복" 행복십계명 다섯 번째 '잠들기 전 좋았던 일들을 떠올리는 것'입니다. 오늘 당신이 감사해야 할 일 5가지를 생각해 보세요. 돌아가며 1가지씩 감사한 것 말해 볼까요? 예) 오늘 여러분을 만나 행복한 시간이 되어서 감사합니다!! ■ **뇌건강 체조** (3페이지 QR코드 참고)	10′
	■ **인지 활동지** – 7단계 5차시 : 시지각능력, 문제해결능력 활동지	10′
전개	■ **활동준비** – 정사각형의 평면을 일곱 조각내어 여러 가지 모양을 만드는 놀이이다. 이 놀이를 하면 지혜가 길러진다고 해서 지혜판이라고 한다. – 칠교를 나눠 준다. ■ **활동지도** ♬우리 모두 다 같이 집중해 "행복" ① 칠교의 도형을 알아본다. 예) 진행자: "준비준비 네모" 학습자: 네모 들기 ② 7조각을 칠교판에 채운다. • 완성된 학습자는 "만세"를 외친다. ③ 모양판을 주고 모양을 따라 맞춘다. • 집, 숫자, 촛불, 동물, 배 등 ④ 팀을 나누어 릴레이로 숫자 모양을 만든다. • 첫 번째 학습자가 숫자 1을 만들고 만세를 외치면 그 다음 학습자는 숫자 2를 만들고 만세 외치기…. 먼저 끝나는 팀이 승리한다.	30′

마무리	■ **행복체조** ♬우리 모두 다 같이 체조해 "행복" (3페이지 QR코드 참고) ■ **마무리 인사 후 정리** – 오늘도 잠들기 전 좋았던 일을 떠올려 보면 좋겠습니다.	10′
준비물	칠교	

7조각 모양만들기 칠교 (8-05)

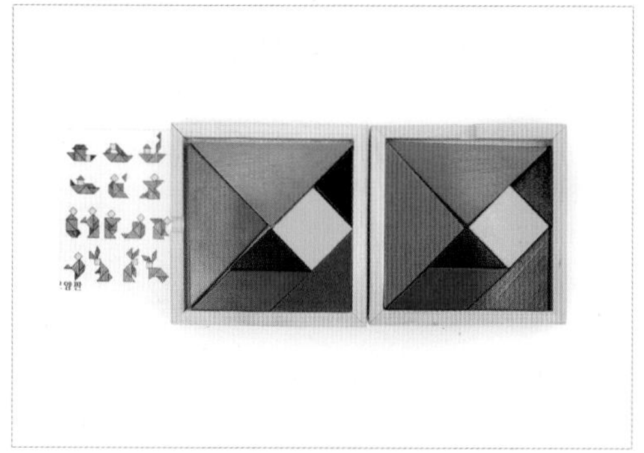

준비물

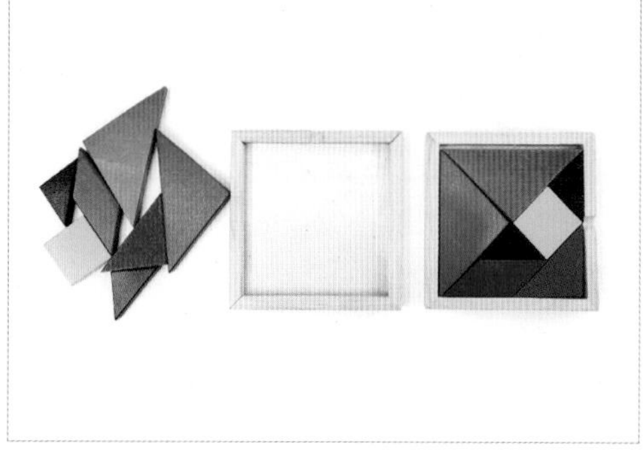

활동지도②

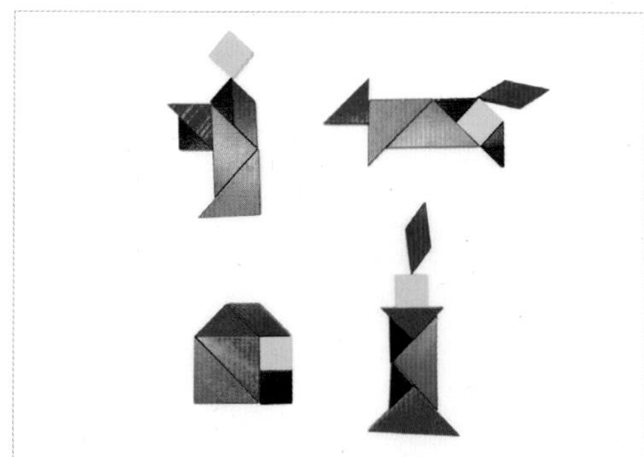

활동지도③

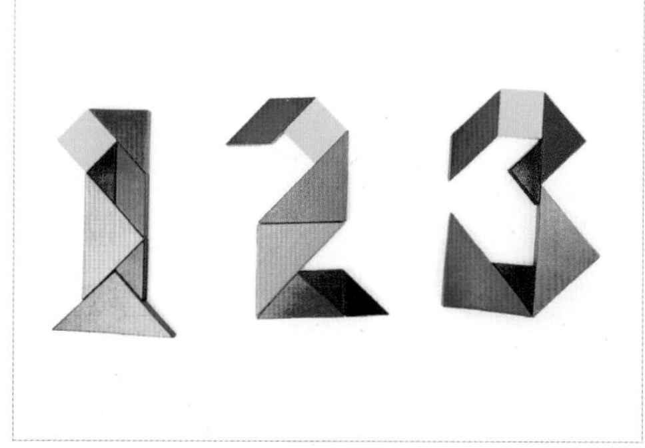

활동지도④

8-06 교구인지

6차시 규칙을 찾아라!! 오셀로

학습 목표
1. 오셀로의 반복되는 규칙을 이해하고 규칙에 맞게 패그를 꽂을 수 있도록 한다.
2. 가위바위보를 하며 셈과 사고능력을 기른다.

단계	내용	시간
도입	■ 인사 나누기 ♬우리 모두 다 같이 인사해 "행복" 행복십계명 여섯 번째 '미소를 지어라'입니다. 아침에 일어나 거울을 보며 나를 위해 미소 짓고, 이웃을 만나 반갑게 미소 지으며 아름다운 얼굴을 만들어 봅니다. 얼굴(얼: '영혼' + 굴: '통로')은 영혼이 머무는 통로입니다. 예) 손 흔들며 인사하기, 하이파이브 인사하기 ('오즐'–오늘도 즐겁게/ '오행'–오늘도 행복하게/ '오잘'–오늘도 잘하자) ■ 뇌건강 손유희 (3페이지 QR코드 참고)	10′
	■ 인지 활동지 – 7단계 6차시 : 집중력, 기억력 활동지	10′
전개	■ 활동준비 – 오셀로는 셰익스피어 4대 비극인 〈오셀로〉에서 유래되었다. – 8×8 크기의 판에 64개의 패그를 이용하여 노는 놀이이다. – 오셀로 게임 도구를 준비한다. ■ 활동지도 ♬우리 모두 다 같이 집중해 "행복" ① 게임판에 빨강색과 파랑색을 한 줄씩 꽂는 연습을 한다. • 진행자가 "시작"하면 빨강색을 가로로 한 줄 꽂고 완성하면 "만세"를 외친다. • 2번째 줄은 파랑색을 꽂는다. ② 규칙을 이해하고 패그를 꽂는다. • 진행자가 제시하는 규칙을 보고 패그를 꽂는다. ③ 팀을 나누어 게임을 한다. • 한 팀은 빨강, 한 팀은 파랑으로 정한다. • 게임판을 반으로 나누어 패그를 꽂는다.	30′

전개	• 가위바위보를 해서 주먹으로 이기면 1개, 가위로 이기면 2개, 보로 이기면 3개의 패그를 꽂는다. • 패그를 다 채우는 팀이 승리한다.	30′
마무리	■ **행복체조** ♬우리 모두 다 같이 체조해 "행복" (3페이지 QR코드 참고) ■ **마무리 인사 후 정리** – 오늘도 미소 짓는 날이 되었으면 좋겠습니다.	10′
준비물	오셀로	

규칙을 찾아라!! 오셀로 (8-06)

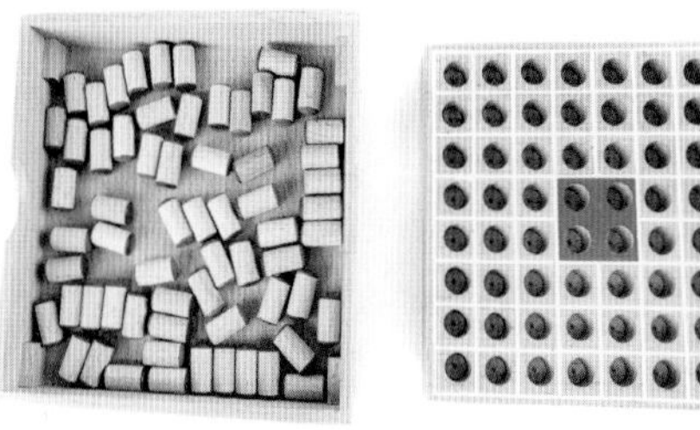

준비물

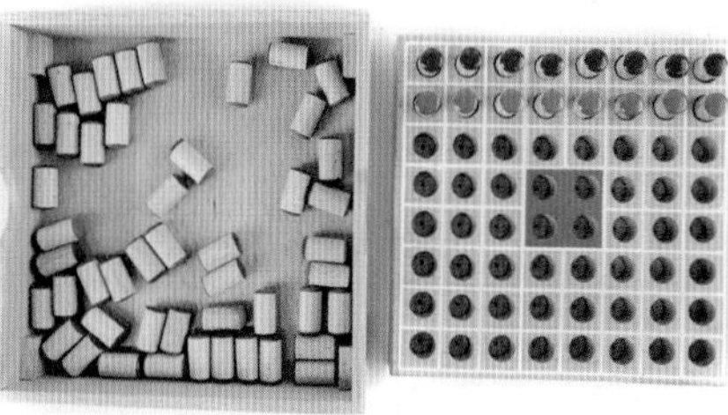

활동지도①

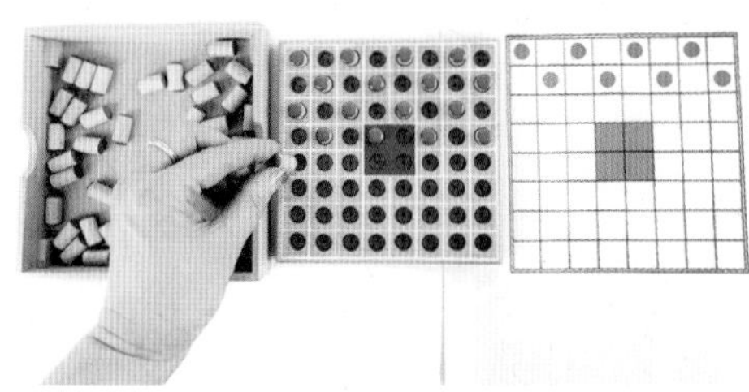

활동지도②

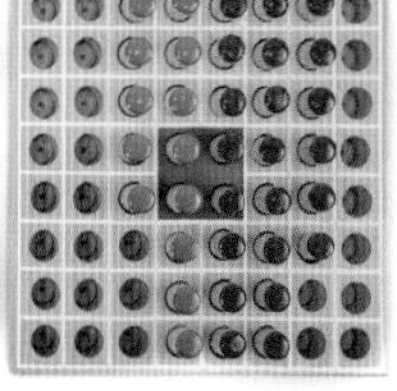

활동지도③

8-07 교구인지

7차시 솟아라 기억력!!! 메모리체스

학습 목표
1. 색깔찾기를 통해 색깔을 인지할 수 있다.
2. 색깔의 위치를 잘 기억하고 같은 색깔 찾기를 통하여 기억력을 향상시킬 수 있다.

단계	내용	시간
도입	■ **인사 나누기** 행복십계명 7번째 "소홀했던 사람들에게 전화하라"입니다. 오랫동안 소홀했던 친구나 가족 또는 보고 싶은 지인들에게 연락을 해서 안부를 물어봅니다. 예) 지금 옆에 있는 분께 안부를 물어보도록 하겠습니다. 아침식사는 하셨는지요? / 아픈신 데는 없는지요? 서로가 안부를 물어보는 것은 위로이자 관심입니다. 이제 서로 안부를 자주 물어보도록 합시다. ♬우리 모두 다 같이 인사해 "행복" ■ **뇌건강 체조**	10′
	■ **인지 활동지** – 7단계 7차시 : 문제해결능력 활동지	10′
전개	■ **활동준비** – 메모리체스 놀이판을 준비한다. – 2~4명 놀이를 할 수 있다. ■ **활동지도** **활동1 : 색깔인지하기** ① 어떤 색깔이 있는지 확인한다. ② 각자 6가지(빨강, 노랑, 초록, 파랑, 하양, 검정)의 색깔을 하나씩 가진다. ③ 순서에 따라 주사위를 던져 나온 색깔의 체스맨을 놀이판에 꽂는다. ④ 가지고 있는 체스맨을 모두 놀이판에 꽂으면 승리한다. **활동2 : 색깔찾기 I** ① 놀이판에 모든 체스맨을 꽂아 둔다. ② 순서를 정하고 주사위를 던진다. ③ 던져서 나온 주사위의 색깔을 확인하고 주사위와 같은 색깔의 체스맨을 찾는다.(기회는 한 번) ④ 색깔이 같으면 가져오고 계속 주사위를 던질 수 있다. ⑤ 주사위의 색깔과 같은 색깔의 체스맨을 찾지 못하면 체스맨을 제자리에 꽂아 두고 다음 사람으로 순서가 넘어간다(이때 다른사람들은 색깔을 기억하도록 노력한다)	30′

	⑥ 놀이판의 체스맨을 다 없어질 때까지 진행하고 체스맨을 많이 가진 사람이 승리한다. **활동3 : 색깔찾기II** ① 놀이판에 모든 체스맨을 꽂아 둔다. ② 가위바위보로 순서를 정한다. ③ 놀이판의 체스맨을 1개 뽑고 색깔을 확인한 후 체스맨을 1개 더 뽑는다. ④ 2개의 체스맨 색깔이 같으면 가지고 다르면 다시 꽂아두고 다음 사람으로 넘어간다. ⑤ 놀이판의 체스맨이 모두 없어질 때까지 진행하며 체스맨을 많이 모은 사람이 승리한다.	
마무리	■ **행복체조** ♬우리 모두 다 같이 체조해 "행복" ■ **마무리 인사 후 정리** – 오늘은 소홀했던 사람들에게 전화를 해 보면 좋겠습니다	10′
준비물	메모리체스 놀이 셋트	

솟아라 기억력!! 메모리체스 (8-07)

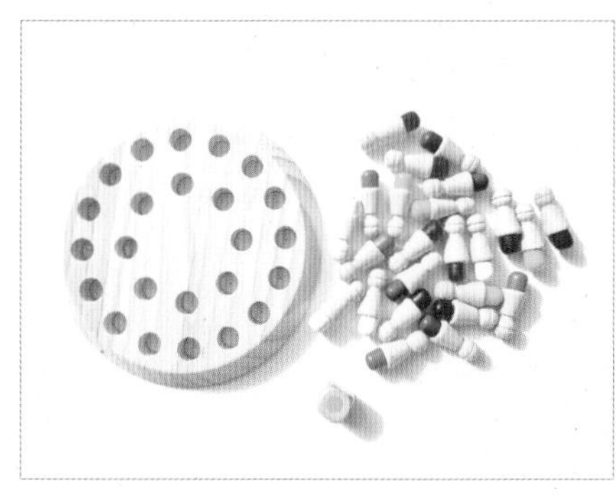

준비물

활동지도1-③

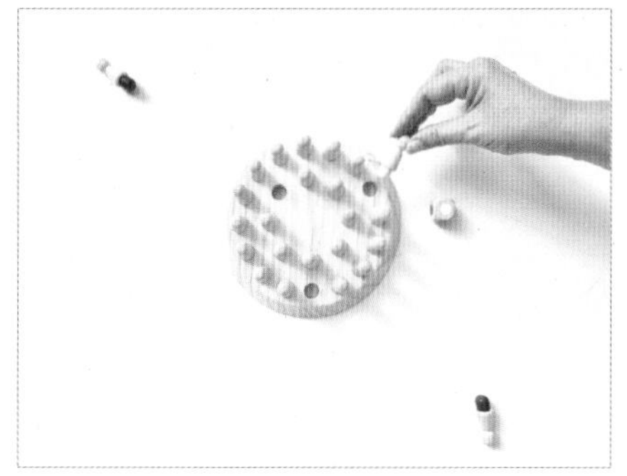

활동지도2-③

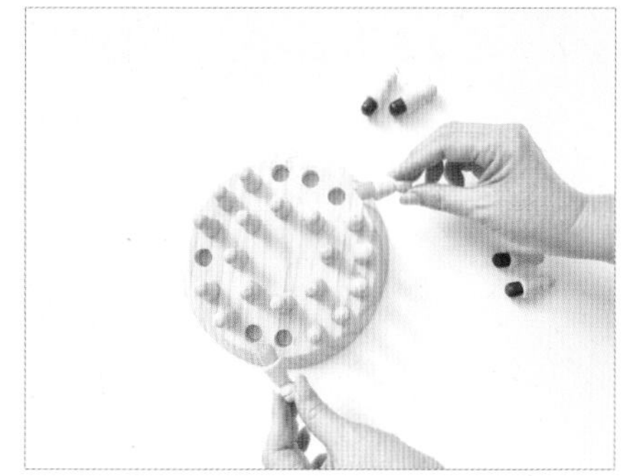

활동지도3-③

8-08 교구인지

8차시 꼬리 달기 6점 도미노

학습 목표
1. 6점 도미노 놀이의 수를 나열해 봄으로써 순서를 이해할 수 있도록 한다.
2. 합의 수를 찾는 과정을 통해 수리력을 향상시킨다.

단계	내용	시간
도입	■ **인사 나누기** ♬우리 모두 다 같이 인사해 "행복" 행복십계명 여덟 번째는 '하루에 한 번씩 유쾌하게 웃어라'입니다. 웃음은 행복의 묘약이며, 주위의 기분을 좋게 하는 행복 바이러스입니다. 우리 다 같이 유쾌하게 웃어볼까요? 예) 하늘보고 하하하/ 애인보고 호호호/ 친구보고 히히히/ 강아지보고 헤헤헤 ■ **뇌건강 손유희** (3페이지 QR코드 참고)	10′
	■ **인지 활동지** – 7단계 8차시 : 계산능력, 문제해결능력 활동지	10′
전개	■ **활동 준비** – 도미노는 주사위 2개를 굴려서 나오는 모든 숫자를 표현한 것이다. – 이집트나 아라비아에서 기원한 것으로 얘기하지만, 12세기 중국에서 기원된 것으로 믿어지고 있다. – 1700년대 초반에 이탈리아에서 시작되어 유럽으로 퍼졌으며 가정이나 선술집에서 인기 있던 게임이다. – 2인 1조(팀 가능)로 6점 도미노를 나누어 준다. ■ **활동 지도** ♬우리 모두 다 같이 집중해 "행복" ① 0~6까지 순서대로 나열한다. 예) 0–1 / 2–3 / 4–5 / 6–5 / 4–3 / 2–1 / 0–0 ② 진행자가 말하는 합의 수의 피스를 찾는다. (양쪽 점을 합한 수) 예) 7 → 1–6 / 2–5 / 3–4 ③ 4팀으로 나누어 꼬리물기 게임을 한다. • 도미노를 7개씩 나누어 준다. • 가위바위보로 순서를 정한다. • 1등이 가지고 있는 피스 중 가장 큰 것을 한 개 내려놓는다.	30′

전개	• 순서대로 돌아가면서 도미노 피스 끝에 있는 점의 개수와 같은 도미노 피스를 내려놓으며 꼬리물기를 한다. • 손에서 도미노 피스를 다 내려놓는 팀이 승리한다.	30′
마무리	■ **행복체조** ♬우리 모두 다 같이 체조해 "행복" (3페이지 QR코드 참고) ■ **마무리 인사 후 정리** – 오늘도 유쾌하게 웃는 하루가 되면 좋겠습니다.	10′
준비물	6점 도미노	

꼬리달기 6점 도미노 (8-08)

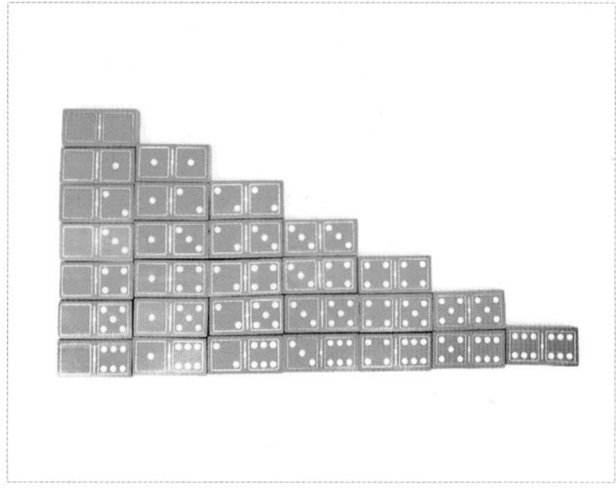

준비물

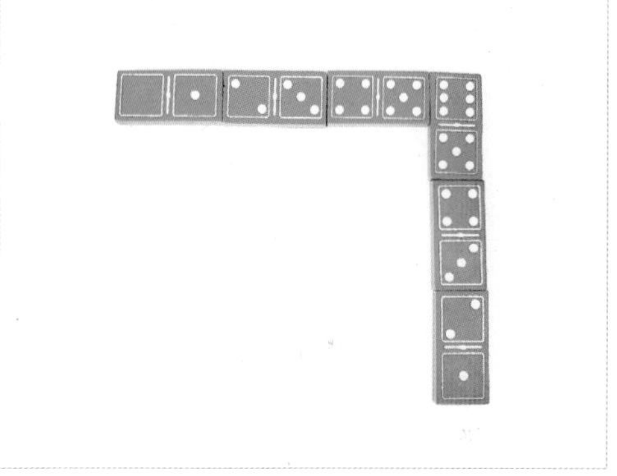

활동지도①

활동지도②

활동지도③

8-09 교구인지

9차시 두뇌하고 나하고 매직 스퀘어

학습 목표
1. 매직스퀘어 10만들기를 통해 패그의 수와 색을 인지하고 수리력을 향상시킨다.
2. 삼목을 만드는 과정에서 전략적 사고와 문제해결력을 키운다.

단계	내용	시간
도입	■ **인사 나누기** ♬우리 모두 다 같이 인사해 "행복" 행복십계명 아홉 번째 '매일 자신에게 작은 선물을 하라'입니다. 자신에게 선물을 함으로써 자신을 사랑하고 자존감을 올려 온전히 나를 즐길 수 있는 시간을 즐겨 봅시다. 예) 오늘 내가 잘한 일이나 행동 등을 칭찬해 봅니다. 내가 좋아하는 음식을 준비합니다. ■ **뇌건강 손유희** (3페이지 QR코드 참고)	10′
	■ **인지 활동지** – 7단계 9차시 : 집중력, 문제해결능력 활동지	10′
전개	■ **활동준비** – 약 3000년 전 중국 우나라 왕이 치수 공사 중에 물속에서 나온 거북이 등에 있는 무늬를 보고 처음 생각해 내었다고 한다. – 이 그림에는 1부터 9까지의 숫자가 3행 3열로 배열돼 있는데 어느 방향으로 더하든지 합이 15가 되는 것이다. – 매직 스퀘어 교구를 준비한다. ■ **활동지도** ♬우리 모두 다 같이 집중해 "행복" ① 매직 스퀘어 패그의 숫자와 색을 설명한다. ② 홀수패그는 왼쪽에 짝수패그는 오른쪽에 꽂는다. ③ 10만들기를 한다. • 놀이판 가운데 초록색 패그를 꽂고 초록색을 기준으로 서로 마주보는 두 수가 10이 되도록 패그를 꽂을 수 있도록 한다. ④ 티택토 게임을 한다. • 한 사람은 빨강색 패그, 다른 한 사람은 초록색 패그를 갖는다. • 가위바위보를 하여 먼저 할 사람을 정한다.	30′

전개	• 한 번씩 패그를 꽂아 가로, 세로, 대각선으로 나란히 3개를 먼저 꽂으면 승리한다.	30′
마무리	■ **행복체조** ♬우리 모두 다 같이 체조해 "행복" (3페이지 QR코드 참고) ■ **마무리 인사 후 정리** – 오늘도 자신에게 작은 선물을 하는 날이 되었으면 좋겠습니다.	10′
준비물	매직스퀘어	

두뇌하고 나하고 매직스퀘어 (8-09)

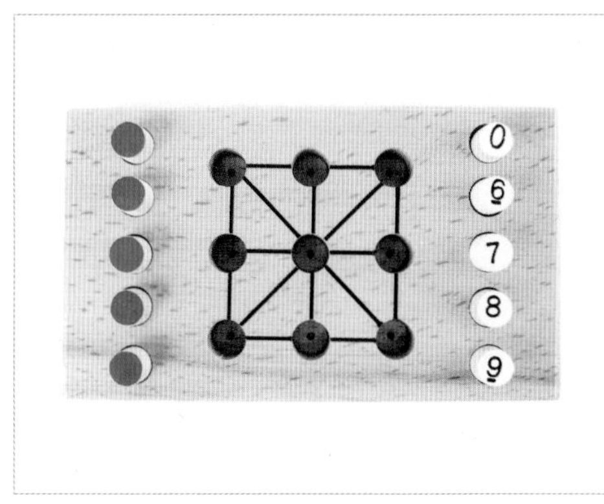

준비물

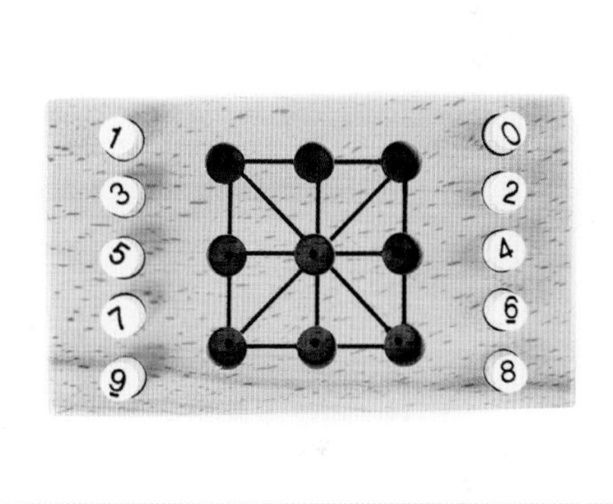

활동지도②

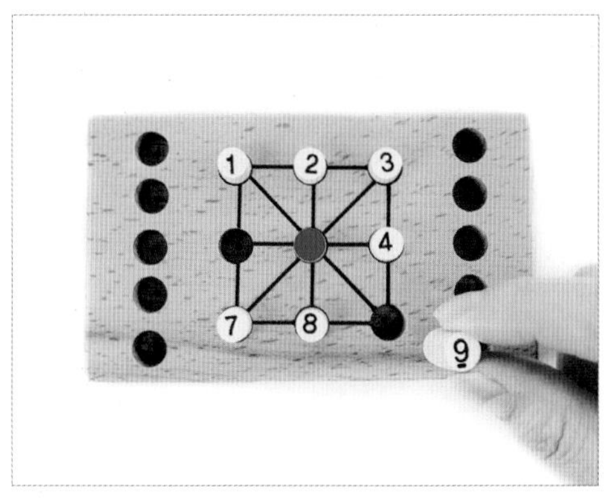

활동지도③

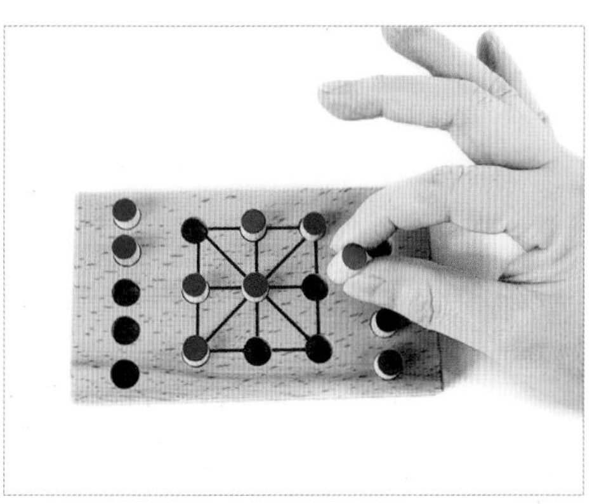

활동지도④

8-10 교구인지

10차시 요리조리 하노이탑

학습 목표
1. 하노이탑의 원반의 크기와 수를 생각하며 옮길 수 있도록 한다.
2. 규칙을 스스로 발견하고 논리력 향상을 통해 수학적 감각을 향상시킨다.

단계	내용	시간
도입	■ **인사 나누기** ♬우리 모두 다 같이 인사해 "행복" 행복십계명 열 번째 '매일 누군가에게 친절을 베풀어라'입니다. 친절하게 말하기, 밝게 인사하기, 경로당에서 신발 정리하기 등 예) 오른쪽으로 돌아앉아 앞사람 어깨 열 번 주물러 보겠습니다. 반대로 해 보겠습니다. ■ **뇌건강 손유희** (3페이지 QR코드 참고)	10′
	■ **인지 활동지** – 7단계 10차시 : 마음의 명상 활동지	10′
전개	■ **활동준비** – 인도 베나레스의 한 사원에 64개의 귀한 다이아몬드 원반이 탑 모양으로 쌓여 있는데 신탁을 받은 승려들이 이 탑을 신전 안의 새로운 장소로 옮겨야 한다. – 성스러운 규칙에 따라 옮겨야 하며 승려들이 규칙을 지키지 않으면 그 순간 탑은 무너져 먼지로 변하고 세계는 멸망하게 된다고 한다. – 하노이탑 교구를 1인당 1개씩 준비한다. ■ **활동지도** ♬우리 모두 다 같이 집중해 "행복" ① 하노이탑 도구를 탐색한다. • 원반의 개수 알기, 기둥갯수 알기, 원반을 크기순으로 나열해 보기 ② 원반을 크기 순으로 기둥에 꽂는다. • 큰 것부터 작은 순으로 꽂기 • 홀수는 큰것부터 작은 순으로 꽂고 짝수는 작은 것부터 큰 순서로 꽂는다. ③ 원반 옮기기를 한다. • 왼쪽 기둥에 쌓여 있는 모양 그대로 오른쪽 끝 기둥으로 옮긴다. ※ 원반은 한 번에 1개씩 옮길 수 있다. 크기가 큰 원반은 크기가 작은 원반 위에 놓여 지면 안 된다. 예) 원반 2개 옮기기–왼쪽 기둥의 2개 중 위에 원반을 가운데 기둥에 꽂	30′

전개	고 나머지 원반을 오른쪽 끝 기둥에 꽂은 다음 가운데 기둥에 있는 원반을 오른쪽 기둥에 꽂으면 성공. ④ 3개, 4개의 원반도 위 규칙에 따라 옮기는 연습을 한다. • 기둥은 자유롭게 규칙에 한하여 이동이 가능하다. • 몇 번 만에 옮겼는지 이야기한다. ⑤ 둘씩 짝을 지어 가위바위보로 9개 원반 먼저 쌓기 게임을 한다. • 가위바위보를 이기면 크기가 큰 순서대로 원반을 1개씩 가져와 9개를 먼저 쌓으면 이긴다.	30′
마무리	■ **행복체조** ♬우리 모두 다 같이 체조해 "행복" (3페이지 QR코드 참고) ■ **마무리 인사 후 정리** – 오늘도 누군가에게 친절을 베푸는 날이 되었으면 좋겠습니다.	10′
준비물	하노이탑	

요리조리 하노이탑 (8-10)

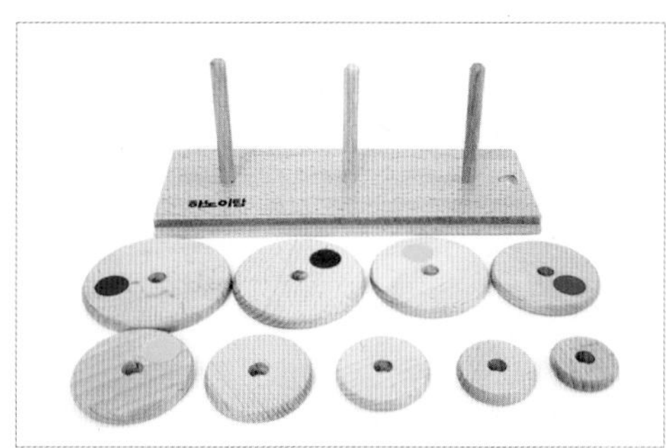

준비물

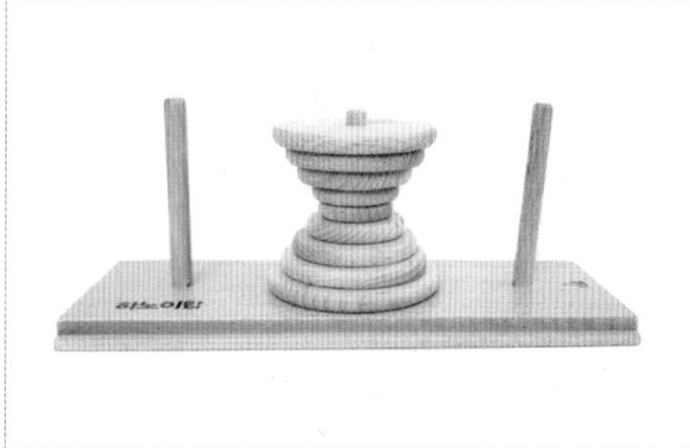

활동지도②

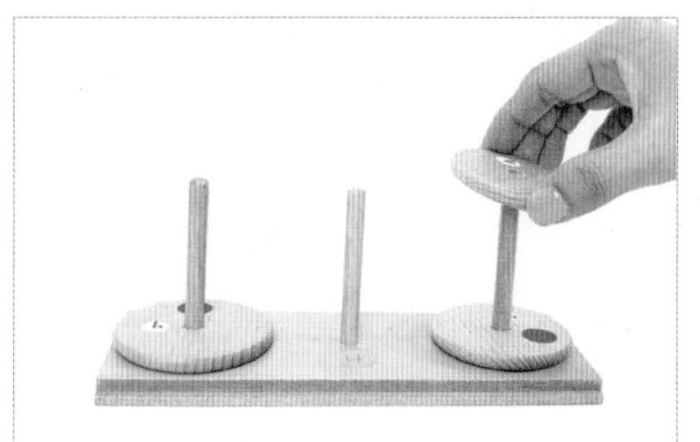

활동지도④

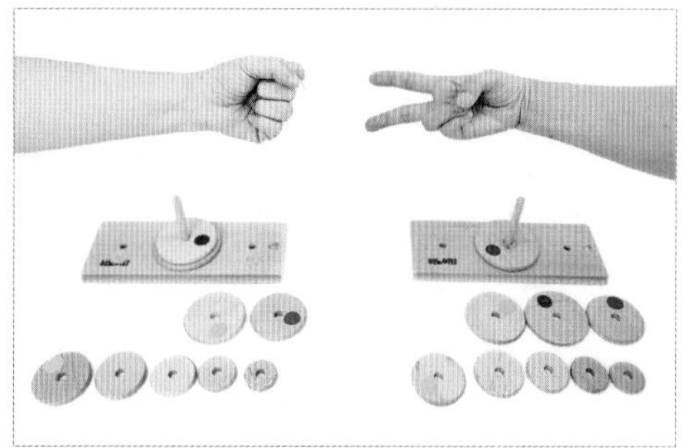

활동지도⑤

실버인지 활동지도사 길라잡이

초판 2쇄 2023년 9월 25일

지은이 전미경, 정영길, 송문주, 박봉선, 김종분, 김수연, 조은옥, 김명순, 이경선
발행인 김재홍
총괄/기획 전재진
디자인 박효은 현유주
마케팅 이연실

발행처 도서출판지식공감
등록번호 제2019-000164호
주소 서울특별시 영등포구 경인로82길 3-4 센터플러스 1117호{문래동1가}
전화 02-3141-2700
팩스 02-322-3089
홈페이지 www.bookdaum.com
이메일 jisikwon@naver.com

가격 25,000원
ISBN 979-11-5622-725-0 13690

뇌 튼튼
인지활동지

별책 부록

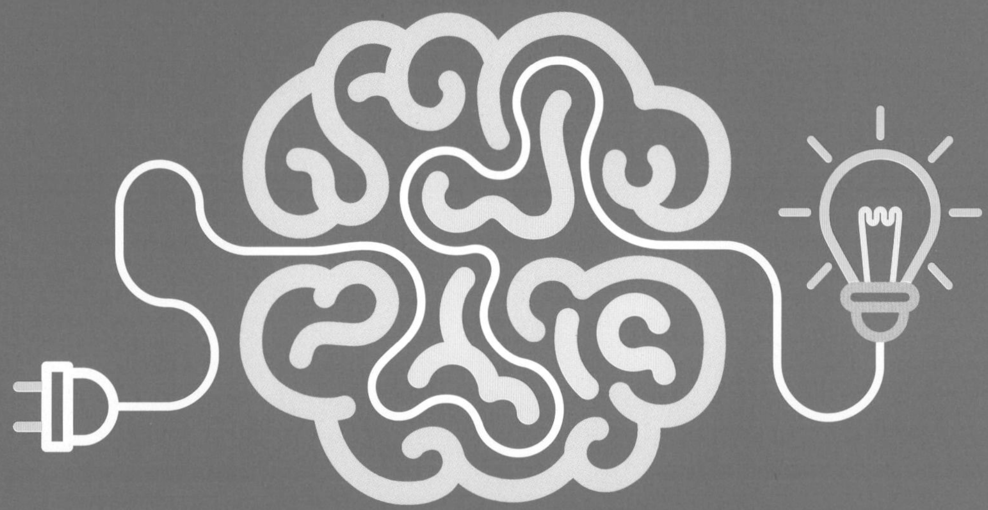

한국지속가능문화교육개발원
Korea Sustainable Culture Education Center

도서출판 지식공감

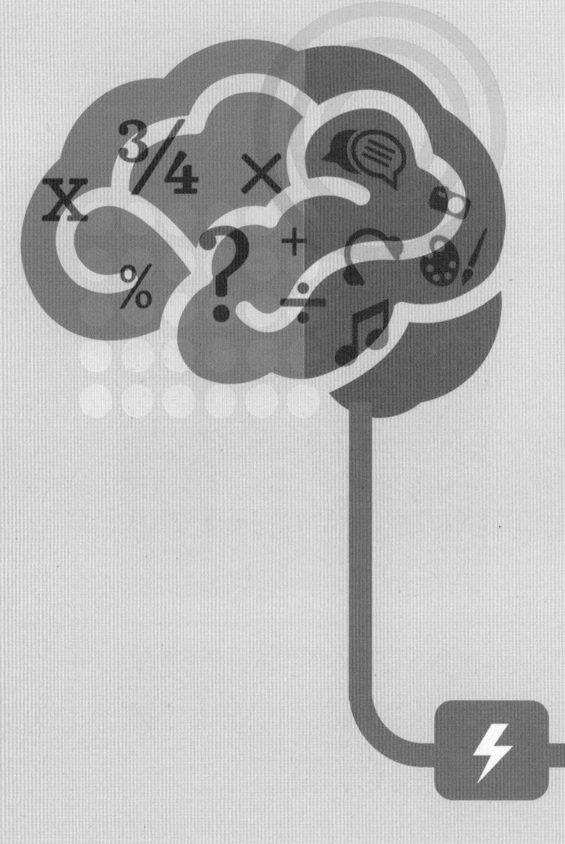

Contents

1단계 – **1차시**

시지각능력 

대뇌피질의 측두엽과 후두엽을 자극하여 활성화시키며, 주로 시지각능력을 필요로 하는 문제입니다.

문제 그림과 맞는 계절을 찾아 줄로 이으세요.

여름	1 •	가 •	
봄	2 •	나 •	
겨울	3 •	다 •	
가을	4 •	라 •	

1단계 – 2차시

대뇌피질의 전두엽을 주로 자극하여 활성화시키며, 문제해결 능력을 필요로 하는 문제입니다.

문제 1 아래 그림을 보고 속도가 빠른 순서대로 빈칸 안에 1→2→3 번호를 쓰세요.

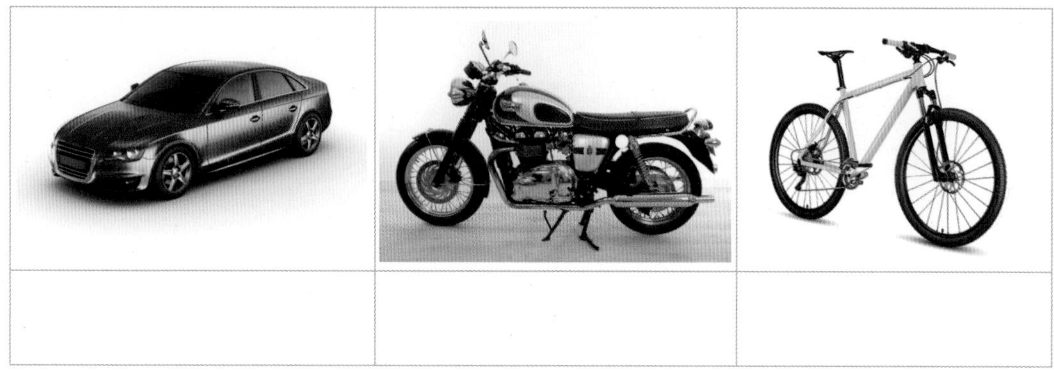

문제 2 아래 동물 중 크기가 큰 동물부터 순서대로 빈칸에 1→2→3 →4 번호를 쓰세요.

1단계 – 3차시

대뇌피질의 전두엽을 주로 자극하여 활성화시키며, 문제해결 능력을 필요로 하는 문제입니다

문제 1 아래 사진을 보고 무게가 무거운 것부터 순서대로 빈칸 안에 1 → 2 → 3 번호를 쓰세요.

문제 2 아래 사진을 보고 무게가 가벼운 것부터 순서대로 빈칸 안에 1 → 2 → 3 번호를 쓰세요.

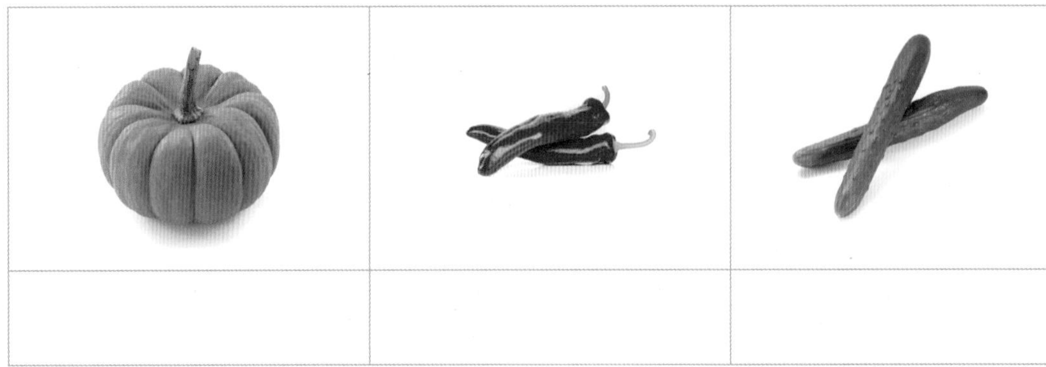

1단계 – 4차시

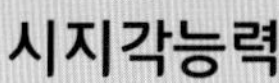

대뇌피질의 측두엽과 후두엽을 자극하여 활성화시키며, 주로 시지각능력을 필요로 하는 문제입니다.

문제 단어와 같은 색깔을 선으로 연결하세요.

빨강	노랑	초록	파랑

검정	보라	분홍	주황

1단계 – 5차시

시지각능력 

대뇌피질의 측두엽과 후두엽을 자극하여 활성화시키며, 주로 시지각능력을 필요로 하는 문제입니다.

문제 왼쪽 그림의 잘린 모양을 찾아 선으로 연결하세요.

 1 •  • 가 

 2 • • 나 

 3 • • 다 

 4 • • 라 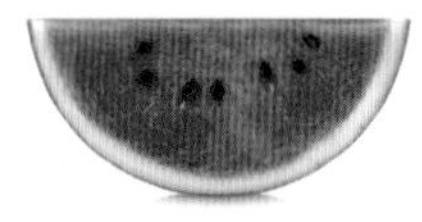

 5 • • 마 

문제해결능력

대뇌피질의 전두엽을 주로 자극하여 활성화시키며, 문제해결 능력을 필요로 하는 문제입니다.

문제 '한여름 햇볕에서 농장의 잡초제거 작업'을 하려고 합니다. 다음 그림 중에서 필요한 물건에 ○표를 하세요.

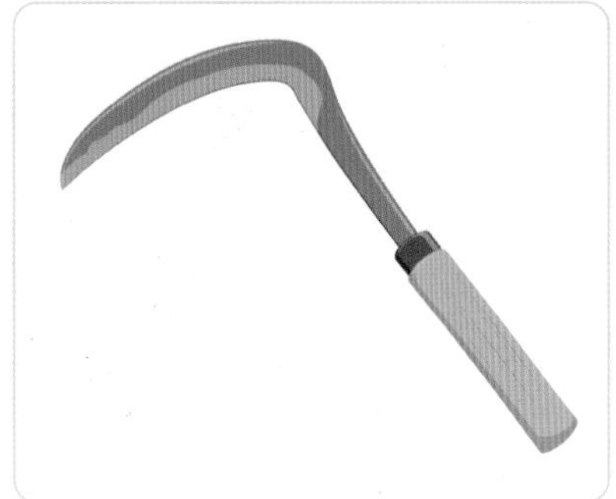

1단계 – **7차시**

대뇌피질의 전두엽을 주로 자극하여 활성화시키며, 문제해결 능력을 필요로 하는 문제입니다.

문제 1 아래 그림에서 남자 구두를 찾아 모두 ○표 하세요.

			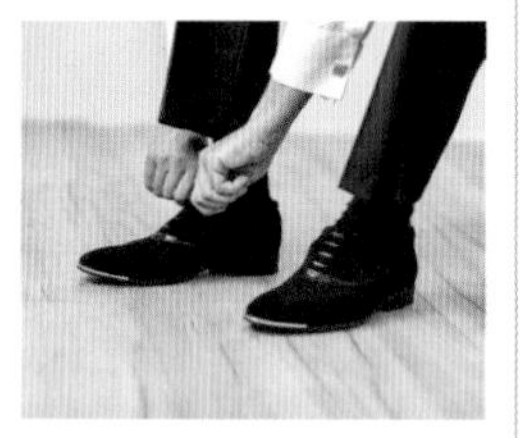

문제 2 아래 그림에서 여자 구두를 찾아 모두 ○표 하세요.

문제 3 아래 그림에서 운동화를 찾아 모두 ○표 하세요.

	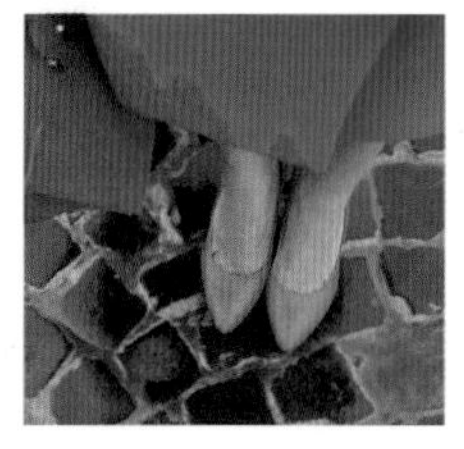		

기억력
집중력

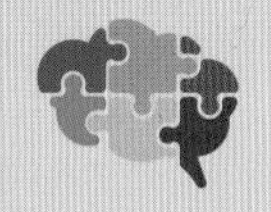

대뇌피질의 측두엽과 전두엽을 자극하여 활성화시키며, 기억력과 집중력을 필요로 하는 문제입니다.

문제 1 화살표를 따라 새로 나타나는 그림을 찾아 ○표 하세요.

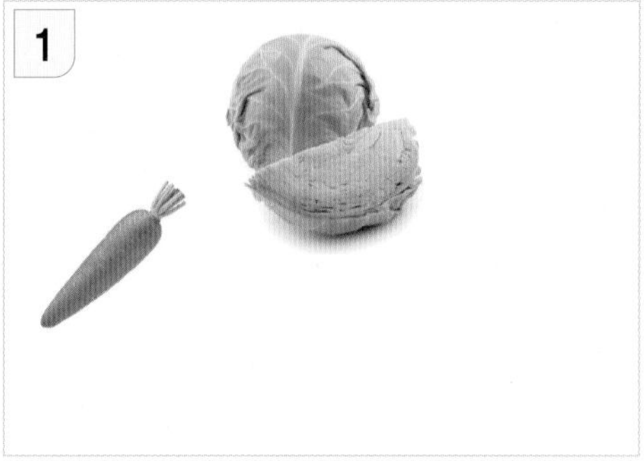

1

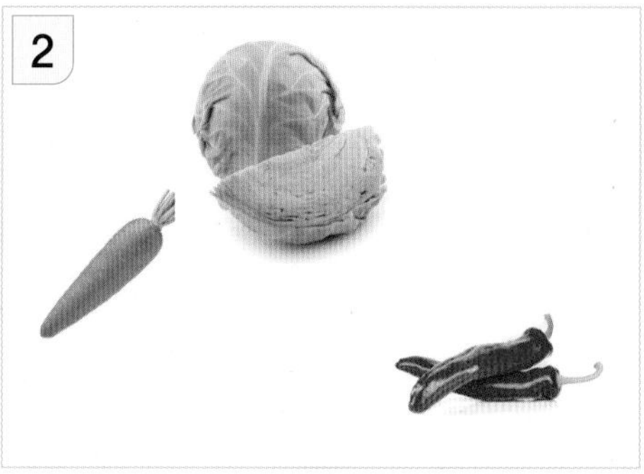

2

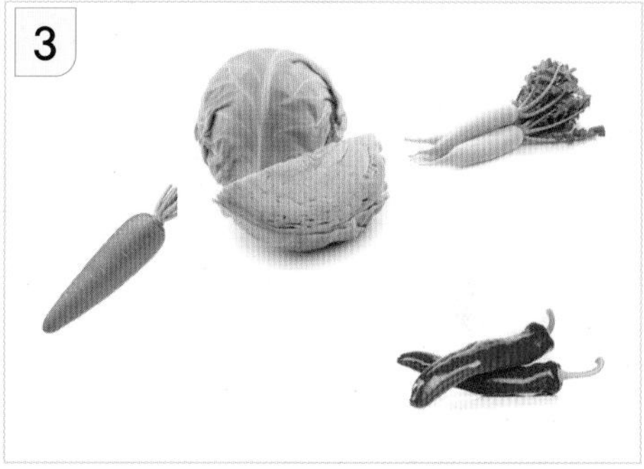

3

4

5

6

1단계 – 9차시

언어능력 

대뇌피질의 측두엽과 전두엽을 자극하여 활성화시키며, 주로 언어능력을 필요로 하는 문제입니다.

문제 (　　)안에 들어갈 어울리는 말을 보기에서 찾아 쓰세요.

보기
엉금엉금, 철썩철썩, 깡충깡충, 주룩주룩, 한들한들, 둥실둥실

문제	
❶	코스모스가 바람에 [　　　　　　　　] 흔들린다.
❷	거북이가 해변가를 [　　　　　　　　] 기어간다.
❸	토끼가 언덕에서 [　　　　　　　　] 뛰어간다.
❹	가을 하늘에 뭉게구름이 [　　　　　　　　] 떠간다.
❺	파도가 바위에 [　　　　　　　　] 부딪힌다.
❻	여름철 장맛비가 [　　　　　　　　] 내린다.

마음의 명상 

독서는 대뇌피질을 전반적으로 활성화하여 기억력, 주의집중력, 언어능력, 시공간능력, 시지각능력 등 인지기능을 종합적으로 유지 및 향상시킵니다

문제 내가 좋아하는 식품에 모두 ◯표 하세요.

세계보건기구(WHO)가 선정한

세계 10대 건강식품

1. 귀리
2. 토마토
3. 블루베리
4. 연어
5. 마늘
6. 녹차
7. 레드와인
8. 견과류
9. 브로콜리
10. 시금치

2단계 – **1차시**

시지각능력 

대뇌피질의 측두엽과 후두엽을 자극하여 활성화시키며, 주로 시지각능력을 필요로 하는 문제입니다.

문제 색깔과 맞는 그림을 찾아 줄로 이으세요.

분홍 1 • • 가 

하양 2 • • 나 

빨강 3 • • 다

노랑 4 • • 라 

계산능력 문제해결능력

대뇌피질의 전두엽을 자극하여 활성화시키며, 계산능력과 문제해결능력을 필요로 하는 문제입니다.

문제 1 다음 보기 중 작은 숫자부터 찾아서 차례로 쓰세요.

보기	팔십팔 34 육십칠 칠십구 51	정답	34

문제 2 다음 보기 중 큰 숫자부터 찾아서 차례로 쓰세요.

보기	42 육십구 일흔일곱 아흔셋 51	정답	93

기억력
집중력

대뇌피질의 측두엽과 전두엽을 자극하여 활성화시키며, 기억력과 주의집중력을 필요로 하는 문제입니다.

문제 화살표를 따라 새로 나타나는 숫자를 찾아 ○표 하세요.

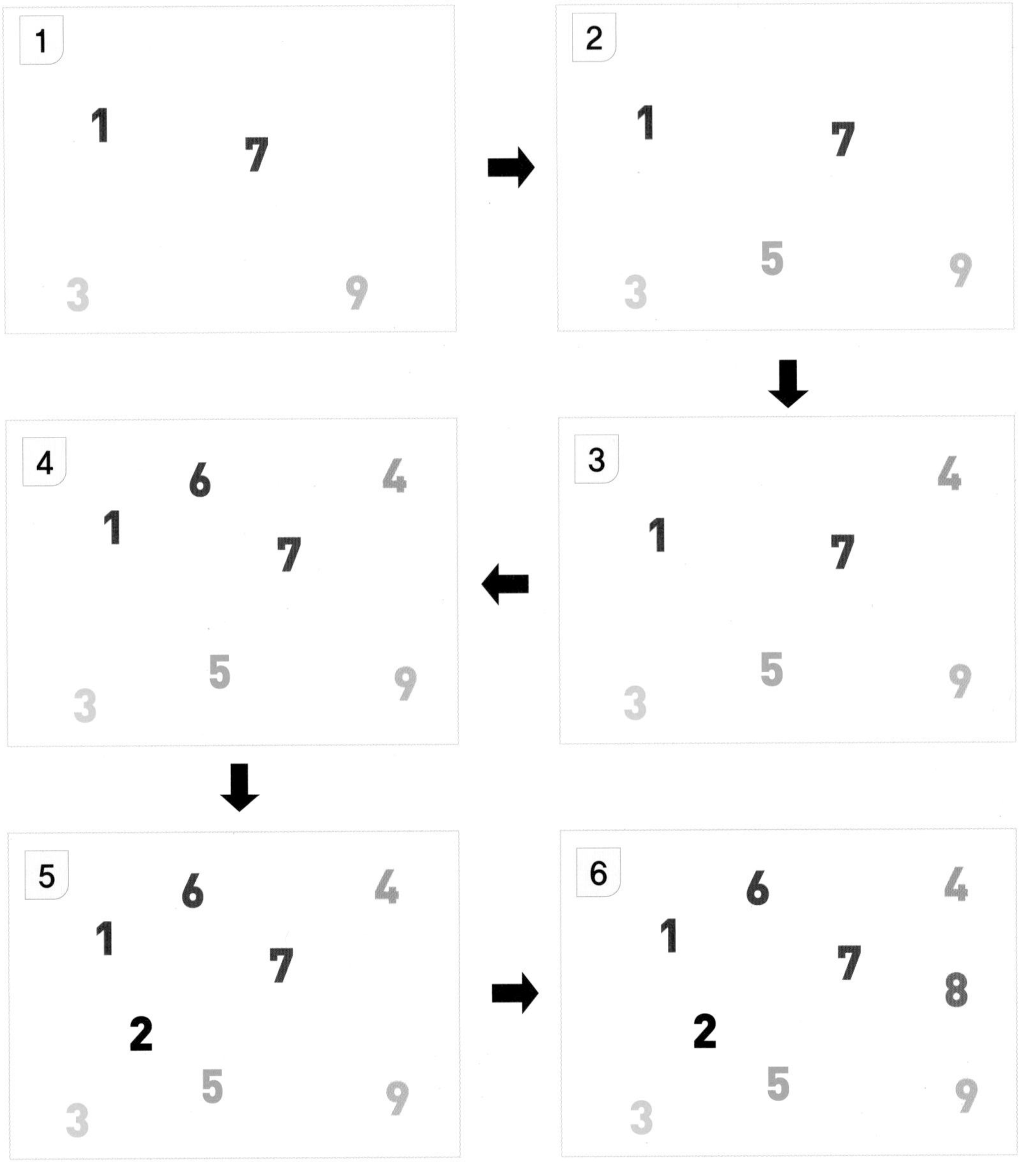

1

1 7
3 9

→

2

1 7
5
3 9

↓

3

4
1 7
5
3 9

←

4

6 4
1 7
5
3 9

↓

5

6 4
1 7
2
5
3 9

→

6

6 4
1 7 8
2
5
3 9

언어능력 

대뇌피질의 측두엽과 전두엽을 자극하여 활성화시키며, 언어 능력과 기억력을 필요로 하는 문제입니다.

문제 단어가 서로 반대되는 말을 찾아 줄로 이으세요.

춥다 •	• 넓다
쓰다 •	• 덥다
좁다 •	• 아래
울다 •	• 작다
위 •	• 달다
크다 •	• 웃다
높다 •	• 희다
검다 •	• 서다
앉다 •	• 낮다

문제해결능력
시지각능력

대뇌피질의 두정엽과 후두엽을 자극하여 활성화시키며, 주로 문제해결능력, 시지각력을 필요로 하는 문제입니다.

문제 보기의 상황에 필요한 것에 ○표 하세요.

보기	답	
1		
2		
3		

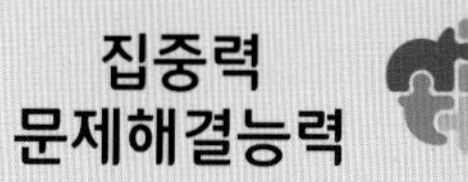

대뇌피질의 전두엽과 두정엽을 자극하여 활성화시키며, 주의 집중력과 문제해결능력을 필요로 하는 문제입니다.

문제 왼쪽 그림을 보고 네모 칸 안에 그리세요.

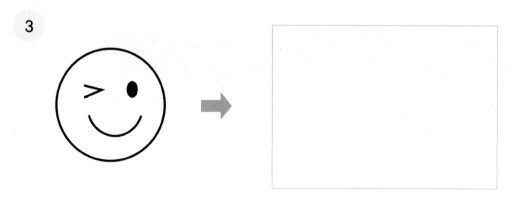

1

2

3

문제해결능력

대뇌피질의 전두엽과 측두엽을 자극하여 활성화시키며, 주로 문제해결능력을 필요로 하는 문제입니다.

문제 1 대전에서 출발하여 강릉까지 가는 길을 연결하세요.

문제 2 서울에서 출발하여 부산까지 가는 길을 연결하세요.

계산능력 문제해결능력  대뇌피질의 전두엽을 자극하여 활성화시키며, 계산능력과 문제해결능력을 필요로 하는 문제입니다.

문제 1 1 ~ 20까지 숫자를 순서대로 쓰세요.

1				5
		8		
11				
				20

문제 2 20 ~ 1까지 숫자를 거꾸로 쓰세요.

20				16
		13		
10				
				1

2단계 – **9차시**

집중력
문제해결능력

대뇌피질의 전두엽과 두정엽을 자극하여 활성화시키며, 집중력과 문제해결능력을 필요로 하는 문제입니다.

문제 보기와 같이 주어진 단어와 관련 없는 것을 찾아서 ◯표 하세요.

<보기>

색깔	**빨강**	**초록**	**노랑**	**숙제** (◯)	**분홍**

꽃	백합	목련	가방	장미	벚꽃

몸	팔	다리	머리	미역	허리

나물	숙주	콩나물	참나무	고사리	서울

계절	봄	책상	가을	여름	겨울

독서는 대뇌피질을 전반적으로 활성화하여 기억력, 주의집중력, 언어능력, 시공간능력, 시지각능력 등 인지기능을 종합적으로 유지 및 향상시킵니다.

▣ 글을 읽고 공감하거나 기억하고 싶은 부분에 밑줄을 그으세요.

웃음 십계명

1. 크게 웃어라
2. 억지로라도 웃어라
3. 일어나자마자 웃어라
4. 시간을 정해놓고 웃어라
5. 마음까지 웃어라
6. 즐거운 생각을 하며 웃어라
7. 함께 웃어라
8. 힘들 때 더 웃어라
9. 한번 웃고 또 웃어라
10. 꿈을 이루었을 때를 상상하며 웃어라

출처–문화일보

3단계 – 1차시

언어능력
시지각능력

대뇌피질을 전반적으로 활성화시키며, 주로 언어능력, 시지각능력을 필요로 하는 문제입니다.

문제 글을 읽고 맞는 그림을 찾아 줄로 이으세요.

시원한 여름 1 •   • 가

꽃피는 봄 2 •   • 나

눈 내린 겨울 3 •   • 다

풍성한 가을 4 •   • 라

계산능력
문제해결능력

대뇌피질의 전두엽을 자극하여 활성화시키며, 계산능력과 문제해결능력을 필요로 하는 문제입니다.

문제 아래 그림을 보고 맞는 돈의 액수를 적으세요.

❶		1장	원
❷		2장	원
❸		3장	원
❹		4장	원
❺		3장	원
❻		1장	원
❼		7장	원

3단계 – **3차시**

기억력
집중력

대뇌피질의 측두엽과 전두엽을 자극하여 활성화시키며, 기억력과 집중력을 필요로 하는 문제입니다.

문제 화살표를 따라 새로 나타나는 과일을 찾아 ○표 하세요.

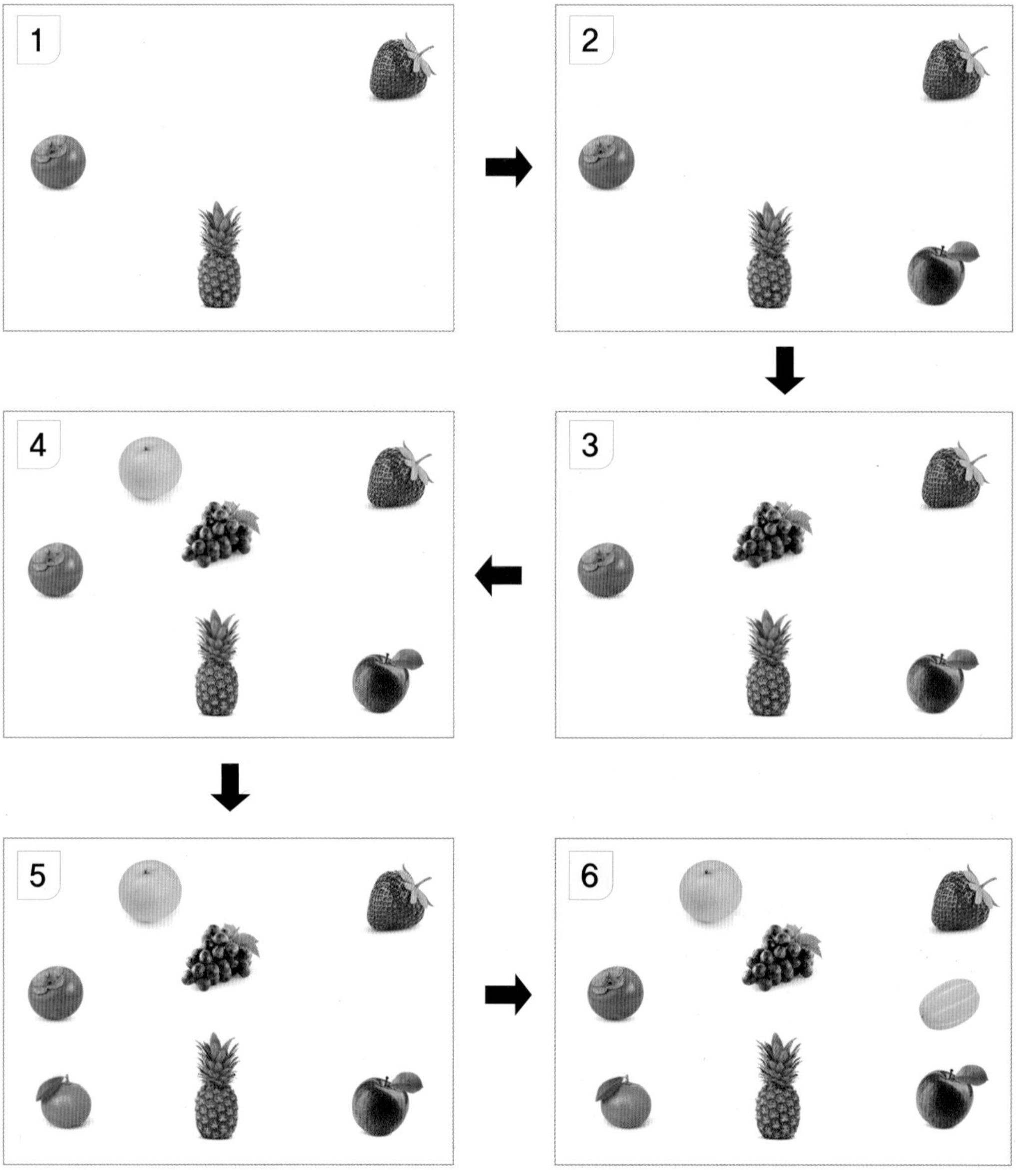

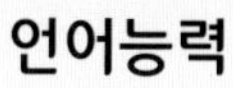

대뇌피질의 전두엽과 측두엽을 자극하여 활성화시키며, 주로 언어능력을 필요로 하는 문제입니다.

문제 알맞은 문장이 되도록 선으로 연결하세요.

여름 햇살이 •	• 주룩주룩 내린다
동해바다는 •	• 높고 파랗다
가을 하늘은 •	• 쏜살같이 빠르다
함박눈이 •	• 깊고 푸르다
장맛비가 •	• 소복소복 쌓인다
화살이 •	• 울긋불긋 예쁘다
가을 단풍이 •	• 따갑다

집중력
문제해결능력

대뇌피질의 전두엽과 두정엽을 자극하여 활성화시키며, 집중력과 문제해결능력을 필요로 하는 문제입니다.

▣ 강아지가 좋아하는 것을 찾아갈 수 있도록 길을 따라가세요.

1
2
3
4

가
나
다
라

집중력
문제해결능력

대뇌피질의 전두엽과 두정엽을 자극하여 활성화시키며, 집중력과 문제해결능력을 필요로 하는 문제입니다.

▣ 송아지가 엄마 소를 만날 수 있게 길을 따라가세요.

문제해결능력 

대뇌피질의 전두엽과 측두엽을 자극하여 활성화시키며, 주로 문제해결능력을 필요로 하는 문제입니다.

문제 1 핸드폰으로 아래와 같은 문자메시지를 받았을 때, 올바른 대처 방법에 ◯표 하세요.

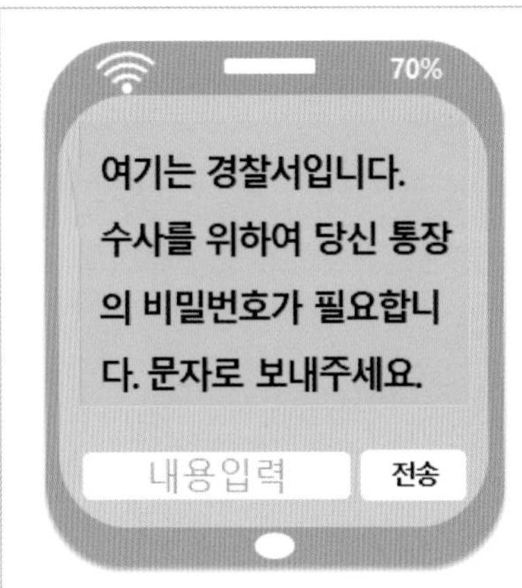

① 의심 없이 통장 비밀번호를 문자로 바로 보내준다.

② 주변 가족에게 도움을 요청하고 신고한다.

③ 문자를 보낸 곳으로 전화를 걸어 비밀번호를 알려준다.

문제 2 핸드폰 메시지로 아래와 같은 이모티콘을 받았을 때, 어떤 의미라고 생각되는지 맞는 번호에 ◯표 하세요.

1. 짜증이 난다는 의미
2. 기분 나쁘다는 의미
3. 기분 좋다는 의미
4. 연락하지 말라는 의미

시공간능력
사고력

대뇌피질의 전두엽과 두정엽을 자극하여 활성화시키며, 주로 시공간능력과 사고력을 필요로 하는 문제입니다.

문제 시계를 보고 몇 시 몇 분인지 쓰세요.

❶ 	시　　분
❷ 	시　　분
❸ 	시　　분
❹ 	시　　분

집중력
문제해결능력

대뇌피질의 전두엽과 두정엽을 자극하여 활성화시키며, 집중력과 문제해결능력을 필요로 하는 문제입니다.

문제 1 보기에 제시된 단어 중 농사지을 때 필요한 것들을 모두 골라 ◯표 하세요.

보기				
	연필	호미	낫	비행기
	괭이	기차	삽	안경
	책상	트랙터	맥주	경운기

문제 2 보기에 제시된 단어 중 생선가게에서 살 수 있는 것들을 모두 골라 ◯표 하세요.

보기				
	배추	사과	갈치	오징어
	계란	꽃게	떡	양말
	고등어	빈대떡	포도	꽁치

3단계 – 10차시

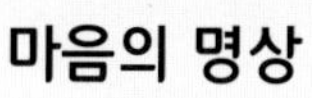

독서는 대뇌피질을 전반적으로 활성화하여 기억력, 주의집중력, 언어능력, 시공간능력, 시지각능력 등 인지기능을 종합적으로 유지 및 향상 시킵니다.

▣ 글을 읽고 공감하거나 기억하고 싶은 부분에 밑줄을 그으세요.

꽃

김춘수

내가 그의 이름을 불러 주기 전에는
그는 다만 하나의 몸짓에 지나지 않았다.
내가 그의 이름을 불러 주었을 때,
그는 나에게로 와서 꽃이 되었다.

내가 그의 이름을 불러 준 것처럼
나의 이 빛깔과 향기에 알맞은
누가 나의 이름을 불러 다오
그에게로 가서 나도 그의 꽃이 되고 싶다.

우리들은 모두 무엇이 되고 싶다.
너는 나에게 나는 너에게
잊혀지지 않는 하나의 눈짓이 되고 싶다.

4단계 – 1차시

시지각능력
언어능력

대뇌피질을 전반적으로 활성화시키며, 시지각능력, 언어능력을 필요로 하는 문제입니다.

문제 글을 읽고 알맞은 그림을 찾아 줄로 이으세요.

행복한 아이들	1 •	• 가	
파란 하늘	2 •	• 나	
그네를 타는	3 •	• 다	
놀이터에서	4 •	• 라	

계산능력 문제해결능력

대뇌피질의 전두엽을 자극하여 활성화시키며, 계산능력과 문제해결능력을 필요로 하는 문제입니다.

문제 1 규칙에 맞게 빈칸에 알맞은 숫자를 채우세요.

2	4			10
3	6		12	
5	10		20	
10	20			

문제 2 규칙에 맞게 빈칸에 알맞은 모양을 그리세요.

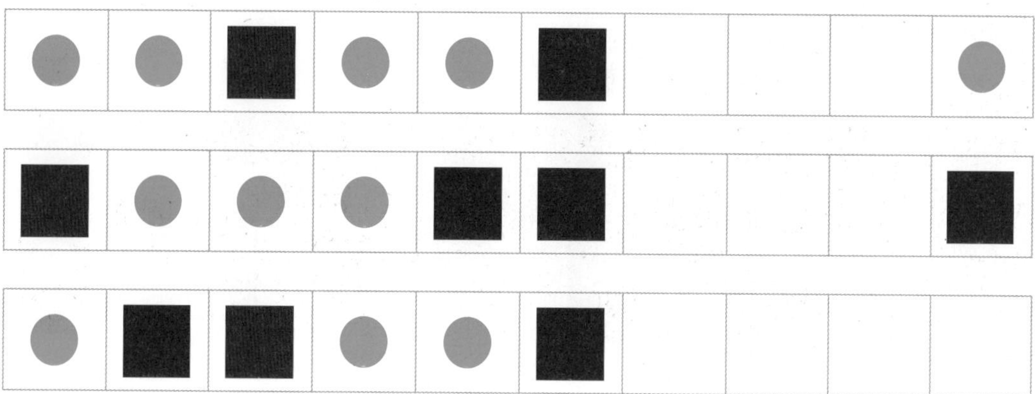

기억력
집중력

대뇌피질의 전두엽과 측두엽을 자극하여 활성화시키며, 기억력과 집중력을 필요로 하는 문제입니다.

문제 화살표를 따라 새로 나타나는 그림을 찾아 ○표 하세요.

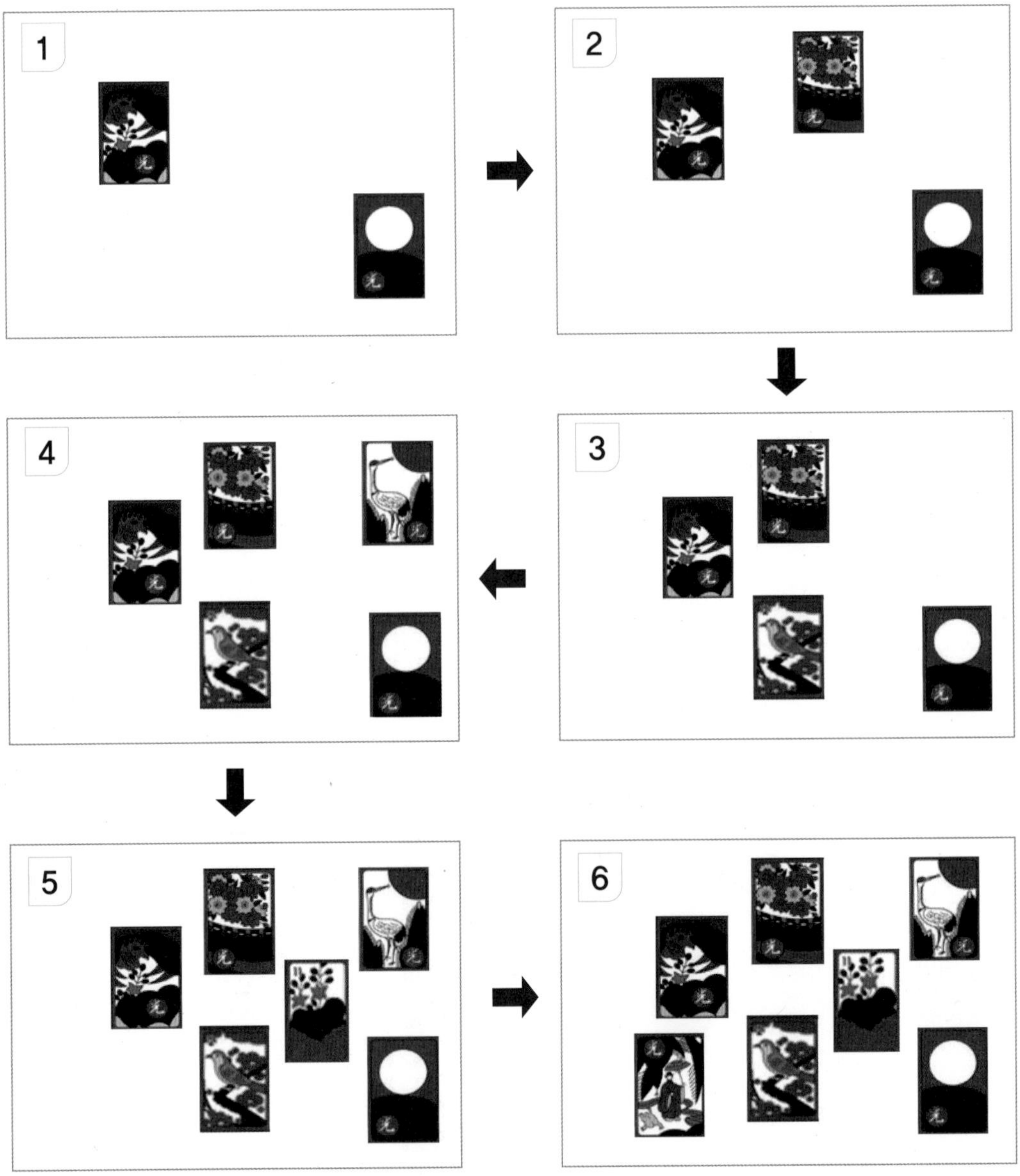

1 → 2 → 3 → 4 → 5 → 6

언어능력 

대뇌피질의 전두엽과 측두엽을 자극하여 활성화시키며, 언어능력을 필요로 하는 문제입니다.

문제 보기에 주어진 초성으로 이루어진 알맞은 단어를 쓰세요.

번호	보기	문제	답
1	생선이름	ㄱ 치	갈치
2	동물이름	ㄱ 양 ㅇ	
3	나라이름	ㄷ 한 ㅁ ㄱ	
4	산이름	ㅅ 악 ㅅ	
5	도시이름	ㄱ 주	
6	채소이름	ㅇ 배 ㅊ	
7	과일이름	ㅂ 나 ㄴ	
8	꽃 이름	ㅁ 궁 ㅎ	

4단계

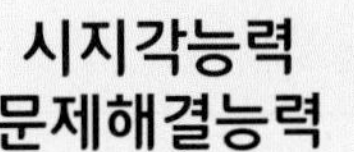

대뇌피질의 두정엽과 후두엽을 자극하여 활성화시키며, 시지각능력과 문제해결능력을 필요로 하는 문제입니다.

문제 단어와 색깔이 같은 것에 ◯표 하세요.

파랑 회색

남색 주황 초록

검정 보라 노랑

하늘색 빨강 분홍

공간 지각능력

대뇌피질의 두정엽을 자극하여 활성화시키며, 공간지각능력을 필요로 하는 문제입니다.

문제 규칙에 맞게 빈칸에 알맞은 도형을 그리세요.

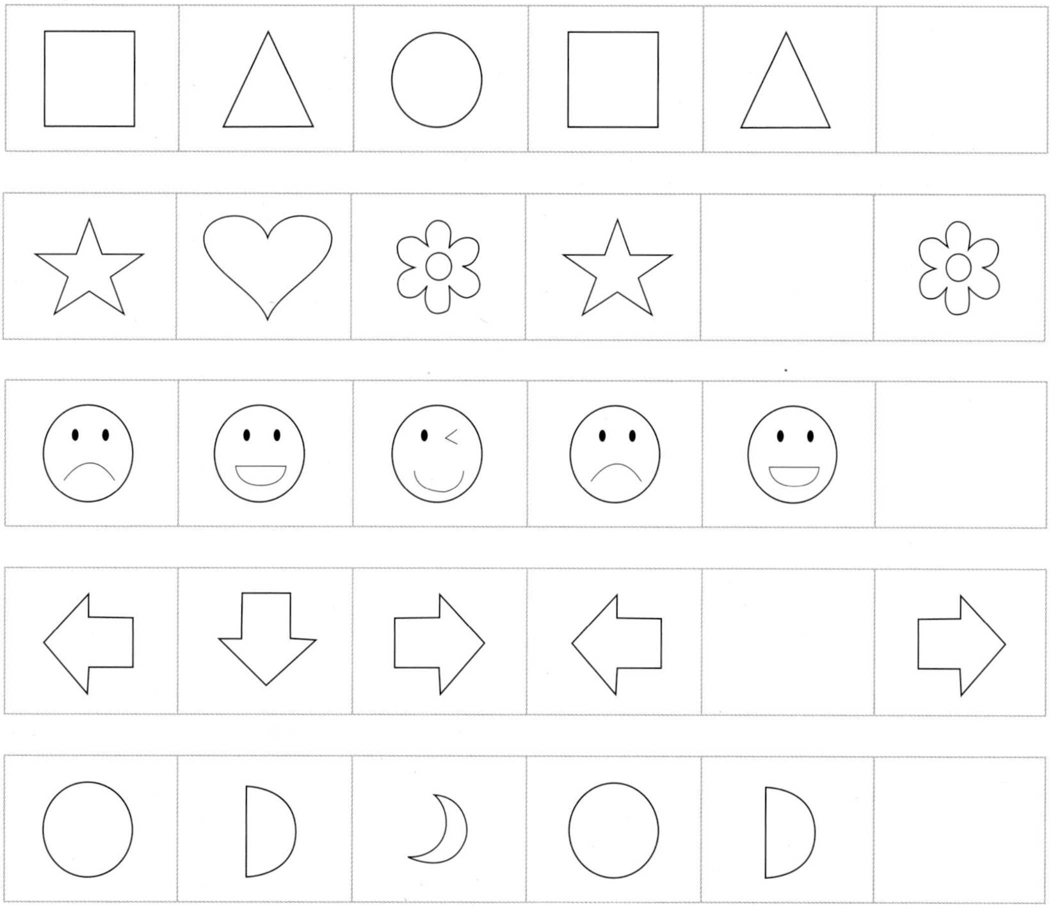

문제해결능력 

대뇌피질의 전두엽과 측두엽을 자극하여 활성화시키며, 주로 문제해결능력을 필요로 하는 문제입니다.

문제 1 보기의 그림 속 차는 언제 출동할까요? 알맞은 번호에 ○표 하세요.

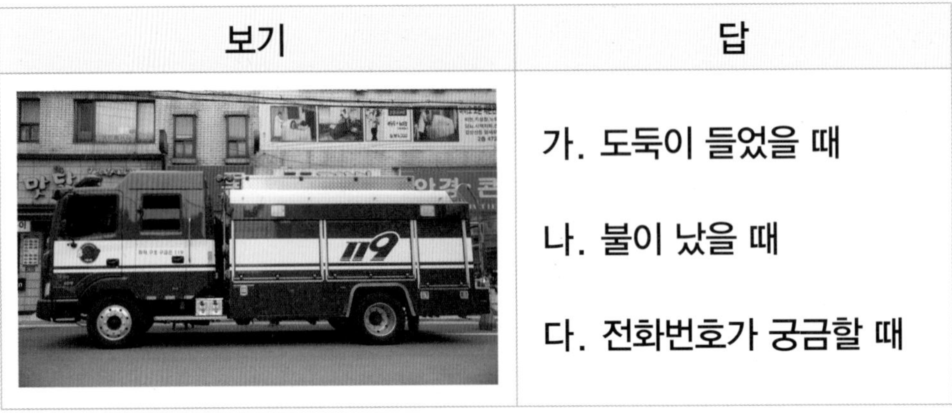

보기	답
	가. 도둑이 들었을 때 나. 불이 났을 때 다. 전화번호가 궁금할 때

문제 2 보기의 그림 속 사람은 무슨 일을 하는 사람일까요? 알맞은 번호에 ○표 하세요.

보기	답
	가. 환경미화원 나. 운동선수 다. 의사

문제해결능력
계산능력

대뇌피질의 전두엽을 자극하여 활성화시키며, 계산능력과 문제해결능력을 필요로 하는 문제입니다.

문제 1 보기 중에 가장 작은 숫자부터 찾아서 차례로 쓰세요.

보기		정답	
보기	구십육 이십오 사십팔 53 칠십일	정답	25

문제 2 보기 중에 가장 큰 숫자부터 찾아서 차례로 쓰세요.

보기		정답	
보기	오십일 55 마흔일곱 팔십육 13	정답	86

문제해결능력
언어능력

대뇌피질의 전두엽과 두정엽을 자극하여 활성화시키며, 문제 해결능력과 언어능력을 필요로 하는 문제입니다.

문제 1 제시어와 관련 있는 것을 모두 찾아 ◯표 하세요.

명절 이름					
참외	추석	도로	미나리	서울	정월 대보름
호떡	미국	한가위	버섯	양파	가족
단오	대파	쑥갓	자장면	설날	한식

문제 2 제시어와 관련 있는 것을 모두 찾아 ◯표 하세요.

우리나라 민속놀이					
쥐불 놀이	핸드폰	고양이	널뛰기	낙타	줄다 리기
컴퓨터	가을	제기 차기	개	팽이 치기	한강
그네 타기	모내기	자동차	호박	윷놀이	하늘

4단계 – **10차시**

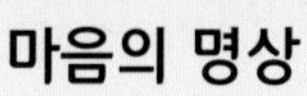

독서는 대뇌피질을 전반적으로 활성화하여 기억력, 주의집중력, 언어능력, 시공간능력, 시지각능력 등 인지기능을 종합적으로 유지 및 향상시킵니다.

▣ 글을 읽고 공감하거나 기억하고 싶은 부분에 밑줄을 그으세요.

행복 십계명

1. 운동을 하라
2. 잠들기 전에 좋았던 일들을 떠올려라
3. 대화를 나누어라
4. 식물을 가꾸어라
5. TV 시청시간을 반으로 줄여라
6. 미소를 지어라
7. 친구에게 전화하라
8. 하루에 한 번 유쾌하게 웃어라
9. 매일 자신에게 작은 선물을 하라
10. 매일 누군가에게 친절을 베풀어라

출처–영국의 슬라우 마을 행복프로젝트

시지각능력
언어능력

대뇌피질을 전반적으로 활성화시키며, 시지각력, 언어능력, 문제해결능력을 필요로 하는 문제입니다.

문제 그림을 보고 알맞은 문장과 줄로 이으세요.

1 •

가 • 깡충깡충 뛰노는 토끼

2 •

나 • 토실토실 귀여운 다람쥐

3 •

다 • 나풀나풀 꽃에 앉은 나비

4 •

라 • 엉금엉금 기어가는 거북이

계산능력 문제해결능력

대뇌피질의 전두엽을 자극하여 활성화시키며, 계산능력과 문제해결능력을 필요로 하는 문제입니다.

▣ 보기의 그림을 보고 문제를 풀어보세요.

보 기
각 20점씩
각 10점씩
각 5점씩

문제 그림을 보고 계산하여 모두 몇 점인지 쓰세요.

기억력
집중력

대뇌피질의 전두엽과 측두엽을 자극하여 활성화시키며, 기억력과 주의집중력을 필요로 하는 문제입니다.

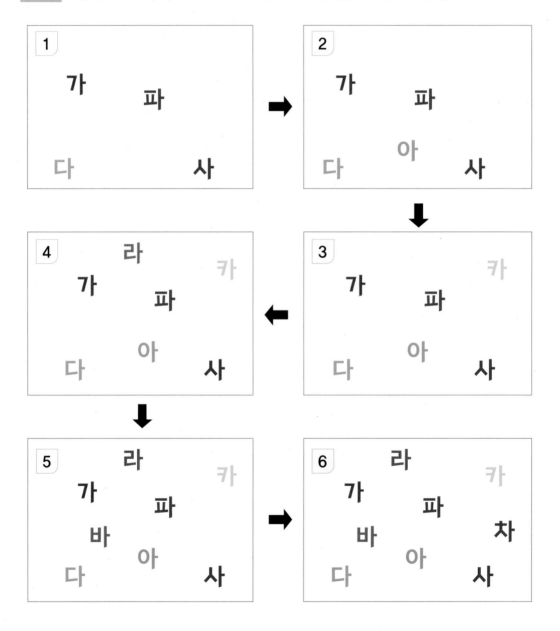

문제 화살표를 따라 새로 나타나는 글자를 찾아 ○표 하세요.

1
가 파
다 사

➡

2
가 파
아
다 사

⬇

3
카
가 파
아
다 사

⬅

4
라
카
가 파
아
다 사

⬇

5
라
카
가 파
바
아
다 사

➡

6
라
카
가 파
바 차
아
다 사

언어능력 

대뇌피질의 측두엽과 전두엽을 자극하여 활성화시키며, 주로 언어능력을 필요로 하는 문제입니다.

문제 1 주어진 초성으로 단어를 쓰세요.

보기	ㅇ ㅇ
❶	우 유
❷	오 ◯
❸	아 ◯

보기	ㅈ ㅅ
❶	주 소
❷	장 ◯
❸	점 ◯

문제 2 끝말이 같은 단어를 쓰세요.

보기	○ ○ 리
❶	항 아 리
❷	◯◯ 리
❸	◯◯ 리

보기	○ 장
❹	반 장
❺	◯ 장
❸	◯ 장

5단계

시지각능력
문제해결능력

대뇌피질의 두정엽과 후두엽을 자극하여 활성화시키며, 시지각력과 문제해결능력을 필요로 하는 문제입니다.

문제 보기의 그림을 차례대로 겹치면 나타나는 그림에 ○표 하세요.

보기			
	아래	가운데	위

문제 1			
	❶	❷	❸

보기			
	아래	가운데	위

문제 2			
	❶	❷	❸

시지각능력
문제해결능력

대뇌피질의 두정엽과 후두엽을 자극하여 활성화시키며, 시지각력과 문제해결능력을 필요로 하는 문제입니다.

문제 아래에 그려진 도형은 일정한 규칙을 가지고 배열되어 있습니다. 규칙에 따라 빈칸에 알맞은 도형을 그리세요.

1

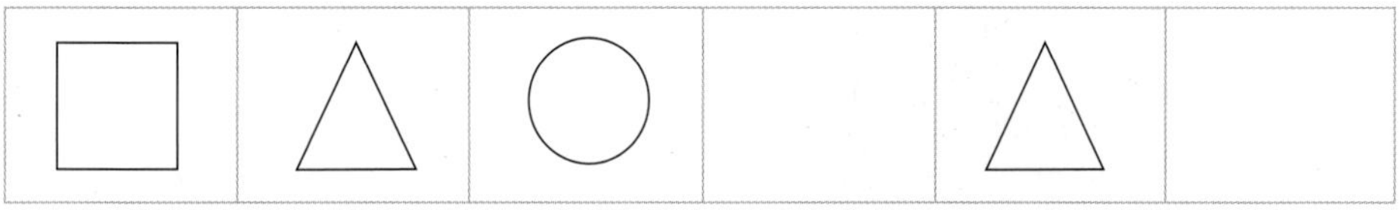

2

3

4

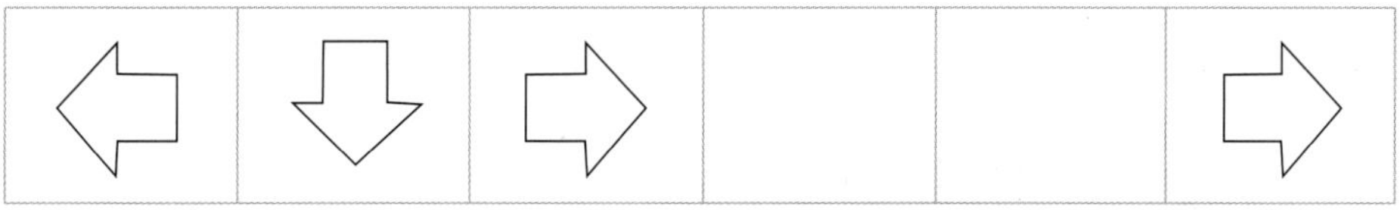

5

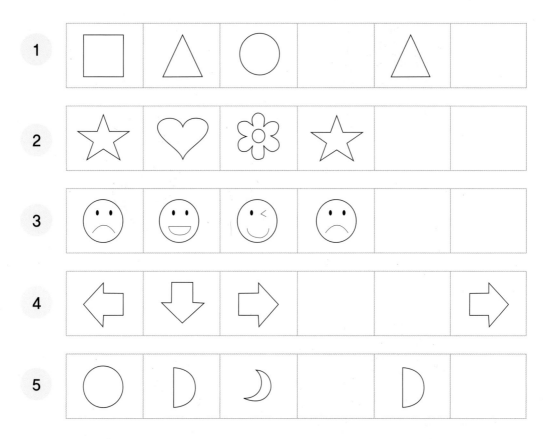

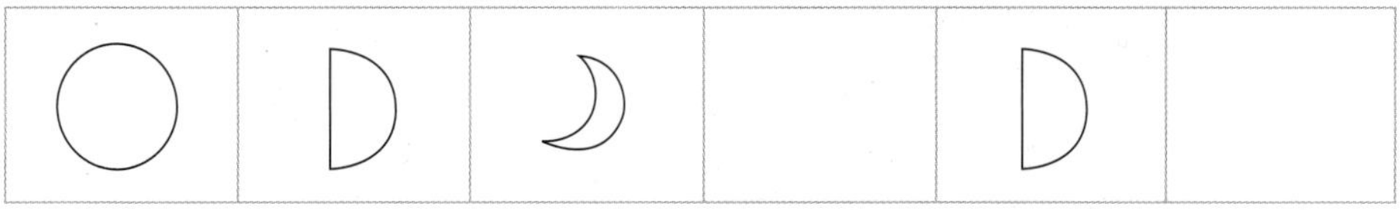

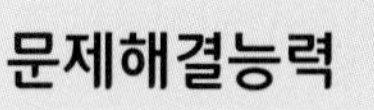

대뇌피질의 전두엽을 주로 자극하여 활성화시키며, 문제해결 능력을 필요로 하는 문제입니다

문제 1 다음 그림 중 '주방'과 관련 있는 것을 찾아 ○표 하세요.

문제 2 다음 그림 중 '은행'과 관련 있는 것을 찾아 ○표 하세요.

계산능력
문제해결능력

대뇌피질의 전두엽을 자극하여 활성화시키며, 계산능력과 문제해결능력을 필요로 하는 문제입니다.

문제 보기의 과일을 사려면 얼마를 내야 하는지 계산하세요.

보기			
	사과 1개 1,000원	귤 1개 500원	바나나 1송이 3,000원
	포도 1송이 2,000원	파인애플 1개 5,000원	키위 1개 1,000원

	사고 싶은 과일	내야 할 돈
문제 1	사과 1개 ( )원	원
	포도 1송이 ( )원	
	키위 2개 ( )원	

	사야 할 물건의 값	내야 할 돈
문제 2	귤 3개 ( )원	원
	바나나 1송이 ( )원	
	파인애플 1개 ( )원	

집중력
계산능력

대뇌피질의 전두엽과 두정엽을 자극하여 활성화시키며, 집중력과 계산능력을 필요로 하는 문제입니다.

문제 1 왼쪽 칸 색깔 중에 칸수가 가장 많은 색깔은 무엇일까요?

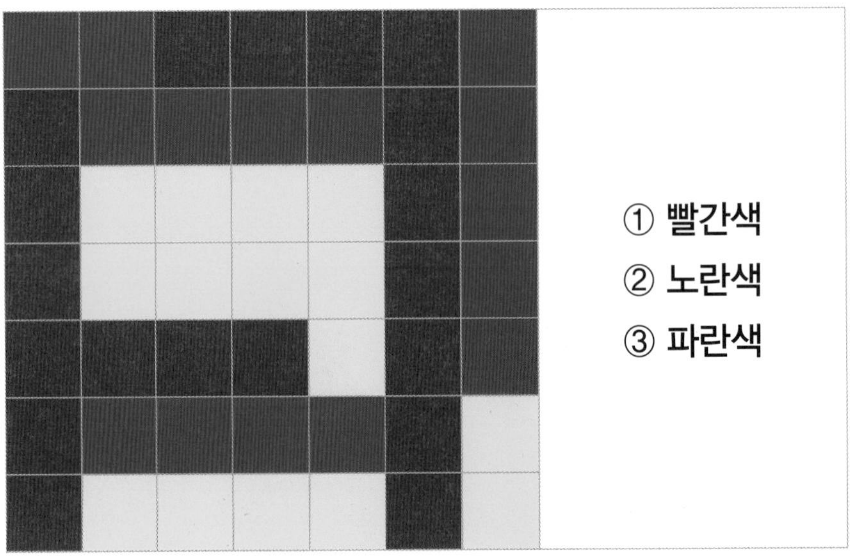

① 빨간색
② 노란색
③ 파란색

문제 2 왼쪽 칸 색깔 중에 칸수가 가장 많은 색깔은 무엇일까요?

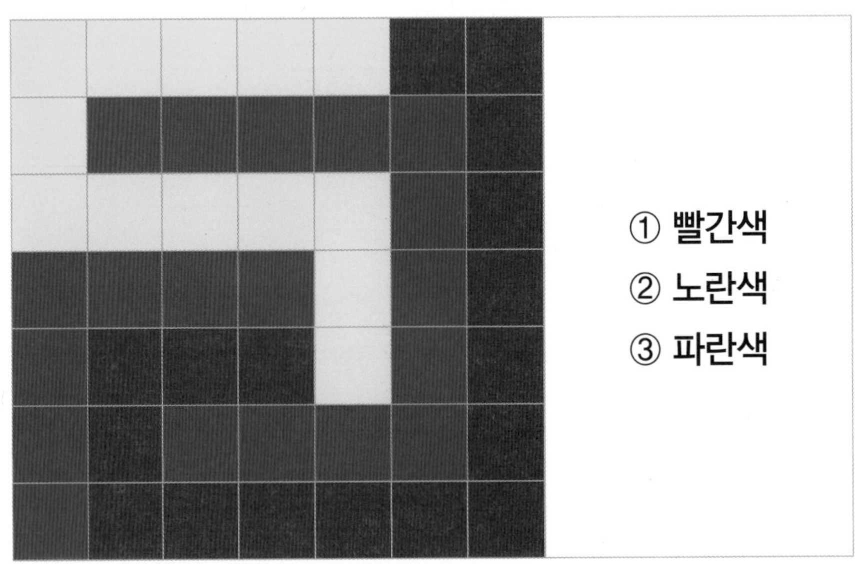

① 빨간색
② 노란색
③ 파란색

마음의 명상 

독서는 대뇌피질을 전반적으로 활성화하여 기억력, 주의집중력, 언어능력, 시공간능력, 시지각능력 등 인지기능을 종합적으로 유지 및 향상시킵니다.

▣ 글을 읽고 공감하거나 기억하고 싶은 부분에 밑줄을 그으세요.

향수

정지용

넓은 벌 동쪽 끝으로
옛이야기 지줄대는 실개천이 휘돌아 나가고,
얼룩백이 황소가 해설피 금빛 게으른 울음을 우는 곳,
그곳이 차마 꿈엔들 잊힐리야.

질화로에 재가 식어지면 비인 밭에 밤바람 소리 말을 달리고,
엷은 졸음에 겨운 늙으신 아버지가 짚베개를 돋아 고이시는 곳,
그곳이 차마 꿈엔들 잊힐리야.

흙에서 자란 내 마음 파아란 하늘빛이 그리워
함부로 쏜 화살을 찾으려 풀섶 이슬에 함초롬 휘적시던 곳,
그곳이 차마 꿈엔들 잊힐리야.

전설(傳說)바다에 춤추는 밤 물결 같은 검은 귀밑머리 날리는
어린 누이와 아무렇지도 않고 예쁠 것도 없는 사철 발벗은
아내가 따가운 햇살을 등에 지고 이삭 줍던 곳,
그곳이 차마 꿈엔들 잊힐리야

하늘에는 성근 별 알 수도 없는 모래성으로 발를 옮기고,
서리 까마귀 우지짖고 지나가는 초라한 지붕,
흐릿한 불빛에 돌아앉아 도란도란 거리는곳,
그곳이 차마 꿈엔들 잊힐리야

6단계 – 1차시

시지각능력
언어능력

대뇌피질을 전반적으로 활성화시키며, 주로 시지각력, 언어능력을 필요로 하는 문제입니다.

문제 글을 읽고 알맞은 그림을 찾아 줄로 이어보세요.

알록달록 일곱색깔 무지개	1 •	• 가	
낙엽이 뒹구는 오솔길	2 •	• 나	
주룩주룩 빗속의 어린이	3 •	• 다	
철썩철썩 파도치는 바다	4 •	• 라	

6단계 – 2차시

계산능력
문제해결능력

대뇌피질의 전두엽을 자극하여 활성화시키며, 계산능력과 문제해결능력을 필요로 하는 문제입니다.

문제 시장에 갔어요. 아래의 물건들을 사려면 모두 얼마를 내야 하는지 계산해 보세요.

시금치 1단 2,000원	당근 1개 1,000원	애호박 1개 1,000원
두부 1모 2,000원	계란 1개 200원	양파 1개 300원

	사야 할 물건의 값	내야 할 돈
문제 1	당근 1개 (　　　　　)원	원
	애호박 2개 (　　　　　)원	
	계란 10개 (　　　　　)원	

	사야 할 물건의 값	내야 할 돈
문제 2	시금치 1단 (　　　　　)원	원
	양파 3개 (　　　　　)원	
	두부 2모 (　　　　　)원	

6단계 – 3차시

기억력
집중력

대뇌피질의 측두엽과 전두엽을 자극하여 활성화 시키며, 기억력과 집중력을 필요로 하는 문제입니다.

문제 화살표를 따라 새로 나타나는 도형을 찾아 ○표 하세요.

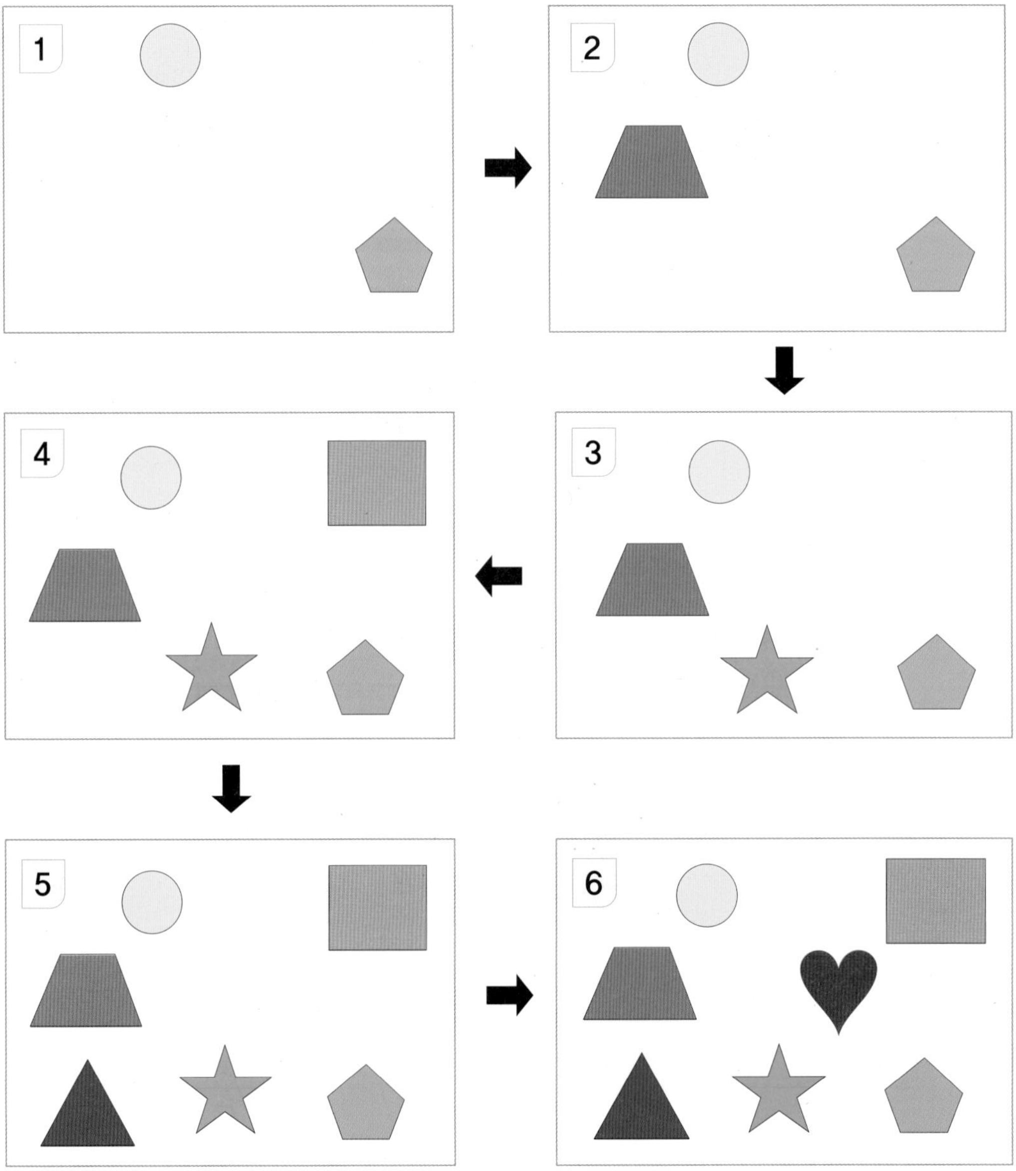

1 → 2 ↓ 3 ← 4 ↓ 5 → 6

6단계 – 4차시

언어능력 

대뇌피질의 측두엽과 전두엽을 자극하여 활성화시키며, 주로 언어능력을 필요로 하는 문제입니다.

문제 가로, 세로에 알맞은 단어가 완성되도록 보기에서 찾아 쓰세요.

우	산	꽃							
리			사	랑					
나					송		대		변
	디	오			국	간			호
		이	장				간	호	
강	아							랑	
원						고	양		
	로	표	지	판		속			
							라	지	
			이			로			

보기	우리나라, 라디오, 오이지, 강아지, 강원도, 도로표지판, 지팡이, 고속도로, 도라지, 호랑이, 고양이, 간호사, 변호사, 대장간, 국간장, 사랑방, 방송국, 우산꽃이, 이사

시공간능력
문제해결능력

대뇌피질의 전두엽과 두정엽을 자극하여 활성화시키며, 시공간능력과 문제해결능력을 필요로 하는 문제입니다.

문제 아래의 그림을 보고 여름에는 ○, 겨울에는 △표시를 하세요.

시지각능력
문제해결능력

대뇌피질의 두정엽과 후두엽을 자극하여 활성화시키며, 시지각력과 문제해결능력을 필요로 하는 문제입니다.

문제 서로 연관이 있는 그림자를 찾아 선으로 연결해 보세요.

6단계 – 7차시

대뇌피질의 전두엽과 측두엽을 자극하여 활성화시키며, 주로 문제해결능력을 필요로 하는 문제입니다.

문제 도로 표지판을 보고 물음에 알맞은 답을 골라 ◯표 하세요.

보기	문 제
대전 Daejeon 143km 천안 Cheonan 75km 수원 Suwon 23km	문제1) 표지판에서 거리가 가장 먼 곳은 어디인가요? ① 대전 ② 천안 ③ 수원
	문제2) 다음 중 맞는 것은? ① 좌회전 금지 ② 좌회전 하시오 ③ 우회전 금지
	문제3) 다음 중 맞는 것은? ① 불조심 하세요 ② 담배피지 마세요 ③ 담배 피세요
노인보호	문제4) 다음 중 맞는 것은? ① 어린이 보호 ② 건널목 ③ 노인보호

계산능력 

대뇌피질의 전두엽을 자극하여 활성화시키며, 주로 계산능력을 필요로 하는 문제입니다.

문제 내 지갑 속 돈을 세어보니 아래와 같았습니다. 내가 가진 돈은 모두 얼마일까요?

내 지갑 속 돈	문제 1		문제 2	
	1장	______원	2장	______원
	2장	______원	3장	______원
	5장	______원	1장	______원
	1개	______원	4개	______원
	2개	______원	3개	______원
	3개	______원	2개	______원
총액		원		원

언어능력
문제해결능력

대뇌피질의 전두엽과 두정엽을 자극하여 활성화시키며, 문제 해결능력과 언어능력을 필요로 하는 문제입니다

문제 아래의 암호표를 보고 암호표에 해당하는 한글 자음을 문제의 빈칸에 넣어보세요. 어떤 글이 암호로 적혀 있는지 맞춰보세요.

<암호표>

1	2	3	4	5	6	7	8	9	10	11	12	13	14
ㄱ	ㄴ	ㄷ	ㄹ	ㅁ	ㅂ	ㅅ	ㅇ	ㅈ	ㅊ	ㅋ	ㅌ	ㅍ	ㅎ

<문제 1>

8		4		2		4	
ㅇ	ㅜ		ㅣ		ㅏ		ㅏ

암호의 정답은?	우			

<문제 1>

11		7		5		7	
	ㅗ		ㅡ		ㅗ		ㅡ

암호의 정답은?				

독서는 대뇌피질을 전반적으로 활성화하여 기억력, 주의집중력, 언어능력, 시공간능력, 시지각능력 등 인지기능을 종합적으로 유지 및 향상시킵니다.

▣ 글을 읽고 공감하거나 기억하고 싶은 글에 밑줄 쳐 보세요.

인간관계 십계명

1. 먼저 말을 걸어준다.
즐거운 인사말 보다 더 이상 멋진 말은 없다.

2. 미소를 보내준다.
찡그리는데에 필요한 근육은72개가 필요하고, 웃는데는 단 14개가 필요하다.

3. 이름을 불러준다.
좋은 인간관계를 위해서는 야! 너! 당신! 보다도 '00씨' 라고 상대의 이름을 불러주어라

4. 친철한마음으로 대해 준다.
친절만큼 마음을 따뜻하게 해주는 것은 없다.

5. 성심성의껏 대해 준다.
가식이 아닌 진심으로 상대를 대하면 그 마음이 상대에게 전달된다.

6. 관대하게 대해 준다.
좋은 인간관계를 위해서는 비판보다는 상대의 입장에서 이해해 준다.

7. 관심을 가져준다.
마음만 먹으면 모든 사람과 친해질 수 있다.

8. 감정을 존중해 준다.
사람의 마음은 종이 한 장의 차이에서 온다.

9. 의견을 존중해 준다.
상대의 의견을 존중하고 귀담아 주면 좋은 인간관계를 지속적으로 유지할 수 있다.

10. 봉사한다.
세상에서 가장 가치있는 일은 남을 위해 봉사하는 것이다. 남을 위한 것이 곧 나를 위한 것이다.

[출처]인간관계10계명
[작성자]주거가치입니다

7단계 – 1차시

시지각능력 언어능력

대뇌피질을 전반적으로 활성화시키며, 주로 시지각력, 언어능력을 필요로 하는 문제입니다.

문제 그림을 보고 알맞은 문장과 줄로 이으세요.

1 •　　　　• 가 주렁주렁 매달린 보랏빛 포도송이

2 •　　　　• 나 까만 씨가 쏙쏙 박힌 시원한 수박

3 •　　　　• 다 아삭아삭 달콤한 노란 참외

4 •　　　　• 라 새콤달콤 맛있는 빨간 사과

계산능력 

대뇌피질의 전두엽을 자극하여 활성화시키며, 주로 계산능력을 필요로 하는 문제입니다.

문제 지폐를 모두 사용하여 89,000원을 만들어 보세요.

50000 오만원	장	원
10000 만원	장	원
5000 오천원	장	원
1000 천원	장	원
		89,000원

7단계 – 3차시

기억력  대뇌피질의 측두엽과 전두엽을 자극하여 활성화시키며, 기억력을 필요로 하는 문제입니다

문제 네모 안에 있는 단어끼리 서로 연결된 것을 기억하세요.

1. 접는 선을 따라 종이를 접어 아랫부분이 보이지 않게 하세요.
2. 보기의 단어와 연관된 것을 암기하고 기억하세요.
3. 보기에서 기억한 단어를 찾아 선을 연결하세요.

아들	손자	딸	손녀
겨울	봄	가을	여름

접는선

아들	손자	딸	손녀
•	•	•	•
•	•	•	•
가을	봄	겨울	여름

언어능력  대뇌피질의 측두엽과 전두엽을 자극하여 활성화시키며, 주로 언어능력을 필요로 하는 문제입니다.

문제 각 보기에서 글자를 찾아 두 글자로 된 채소 이름을 쓰세요. 글자는 중복해서 사용해도 됩니다.

보기			
양	오	쑥	상
냉	추	깻	근
쪽	이	고	배
파	갓	연	잎

❶	오이	❺	
❷		❻	
❸		❼	
❹		❽	

7단계

7단계 – 5차시

대뇌피질의 두정엽과 후두엽을 자극하여 활성화시키며, 시지각력과 문제해결능력을 필요로 하는 문제입니다.

▣ 보기를 보고 문제에 알맞은 답에 ○표 하세요

문제 1 번호 순서대로 쌓아서 위에서 보면 어떤 모양일까요?

보기	❶	❷	❸

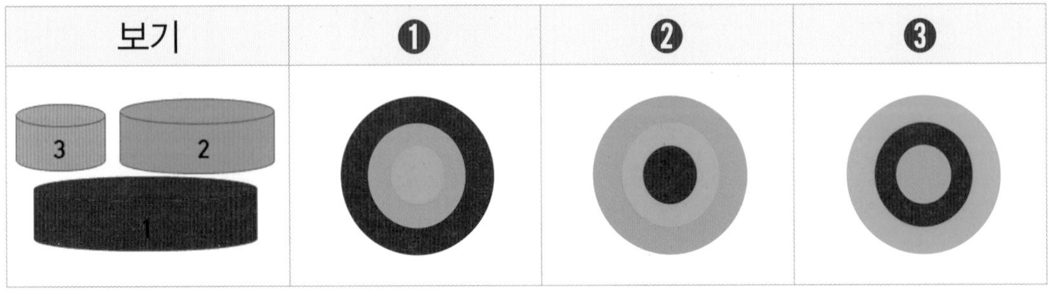

문제 2 번호 순서대로 쌓아서 위에서 보면 어떤 모양일까요?

보기	❶	❷	❸

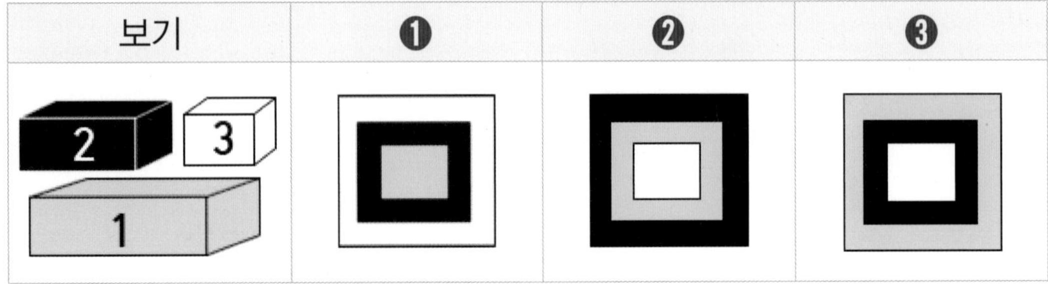

문제 3 보기와 같은 그림은 어떤 것일까요?

보기	❶	❷	❸

기억력 집중력

대뇌피질의 측두엽과 전두엽을 자극하여 활성화시키며, 기억력과 집중력을 필요로 하는 문제입니다

문제 두 그림 중 다른 곳 6개를 찾아 ◯표 하세요.

문제해결능력

대뇌피질의 전두엽을 주로 자극하여 활성화시키며, 문제해결 능력을 필요로 하는 문제입니다.

문제 1, 2, 3 숫자 또는 가, 나, 다를 보기와 같이 가로, 세로 각 한 번씩만 사용해서 빈칸을 채우세요.

보기		
1	2	3
2	3	1
3	1	2

		1
3		
	2	

다		
		가
	나	

가		
	다	
		나

문제해결능력
계산능력

대뇌피질의 전두엽과 측두엽을 자극하여 활성화시키며, 문제 해결능력과 계산능력을 필요로 하는 문제입니다.

문제 내가 가진 돈은 모두 얼마일까요? 계산하여 쓰세요.

보기	문제 1		문제 2	
 50000 한국은행 오만원	1장	_____원	2장	_____원
 10000 한국은행 만원	2장	_____원	3장	_____원
 5000 한국은행 오천원	5장	_____원	1장	_____원
 1000 한국은행 천원	1장	_____원	3장	_____원
 오백원	7개	_____원	3개	_____원
 백원	3개	_____원	2개	_____원
종액		원		원

7단계

집중력
문제해결능력

대뇌피질의 전두엽과 두정엽을 자극하여 활성화시키며, 집중력과 문제해결능력을 필요로 하는 문제입니다.

문제 보기와 같은 그림을 찾아보세요.
(※ 그림의 방향이 바뀌었을 수도 있어요.)

보기

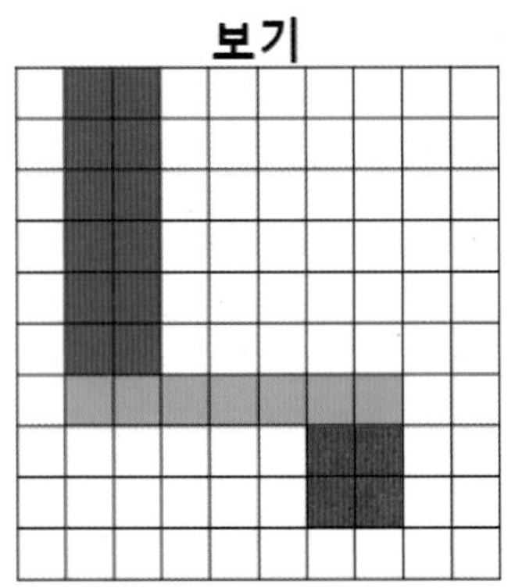

1

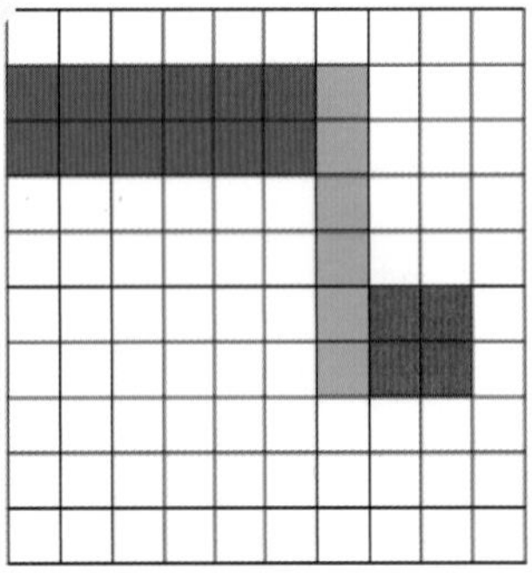

2

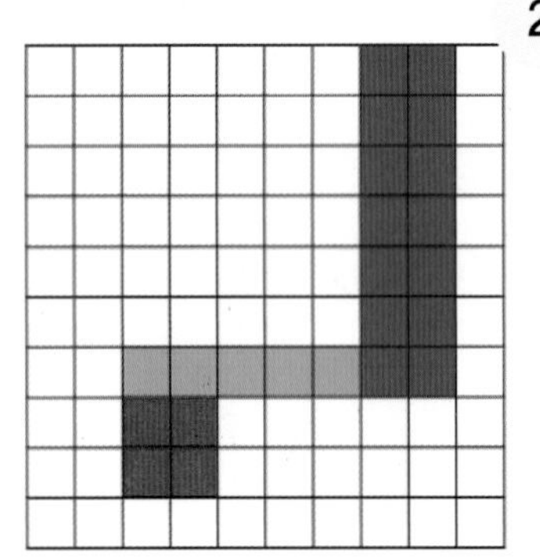

3

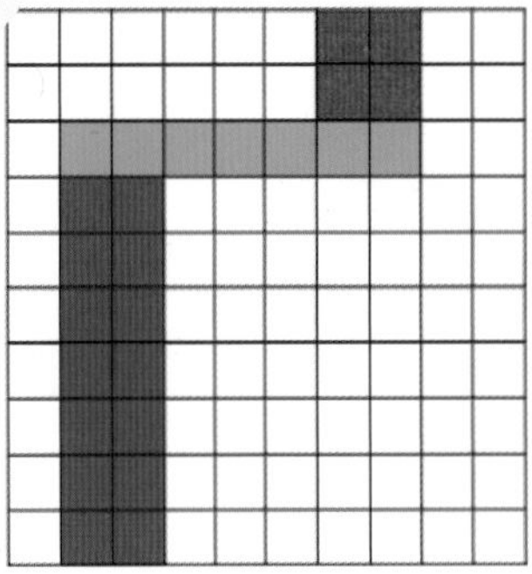

4

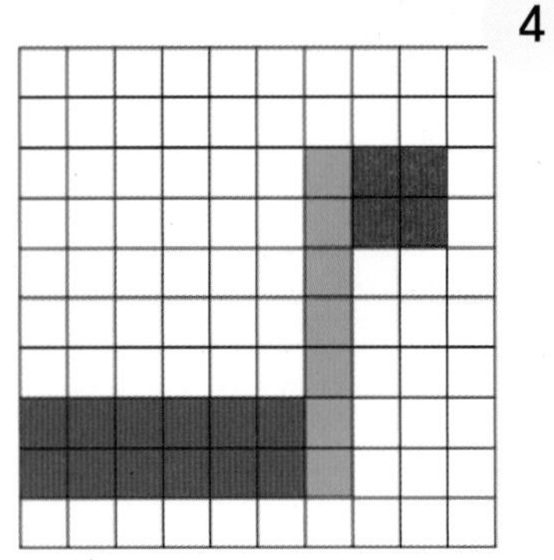

7단계 – 10차시

마음의 명상 

독서는 대뇌피질을 전반적으로 활성화하여 기억력, 주의집중력, 언어능력, 시공간능력, 시지각능력 등 인지기능을 종합적으로 유지 및 향상 시킵니다.

▣ 일주일 동안 있었던 일 중에서 아래의 물음에 자유롭게 쓰세요.

년 월 일 요일	맑음 흐림 비 눈
1. 이번 주에 오래 기억하고 싶은 일 2. 이번 주에 만났던 사람 3. 이번 주에 맛있게 먹은 음식 4. 이번 주에 건강을 위해 한 일 5. 이번 주에 가장 기뻤던 일	

7단계

뇌 튼튼
인지활동지
정답

인지활동지 1단계 정답

1차시

① – ㉯ ② – ㉰, ③ – ㉱, ④ – ㉮

2차시

문제 1 : 자동차 1 – 오토바이 2 – 자전거 3

문제 2 : 소 1 – 돼지 2 – 강아지 3 – 쥐 4

3차시

문제 1 : 수박 1 – 참외 2 – 딸기 3

문제 2 : 고추 1 – 오이 2 – 호박 3

4차시

빨강 – ★ 노랑 – ♥ 초록 – ▲ 파랑 – ■

검정 – ● 보라 – ✸ 분홍 – ✿ 주황 – ◆

5차시

① – 라, ② – 다, ③ – 가, ④ – 마, ⑤ – 나

6차시

모자, 낫, 호미, 장화

7차시

8차시

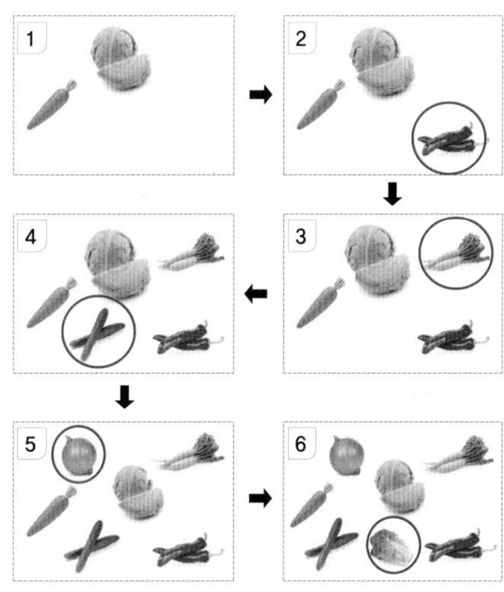

9차시

① – 한들한들, ② – 엉금엉금

③ – 깡충깡충, ④ – 둥실둥실

⑤ – 철썩철썩, ⑥ – 주룩주룩

10차시

자신이 좋아하는 음식에 모두 ○표

인지활동지 2단계 정답

1차시

① – 라, ② – 가, ③ – 나, ④ – 다

2차시

문제 1 : 34 – 51 –67 – 79 – 88

문제 2 : 93 – 77 – 69 – 55 – 42

3차시

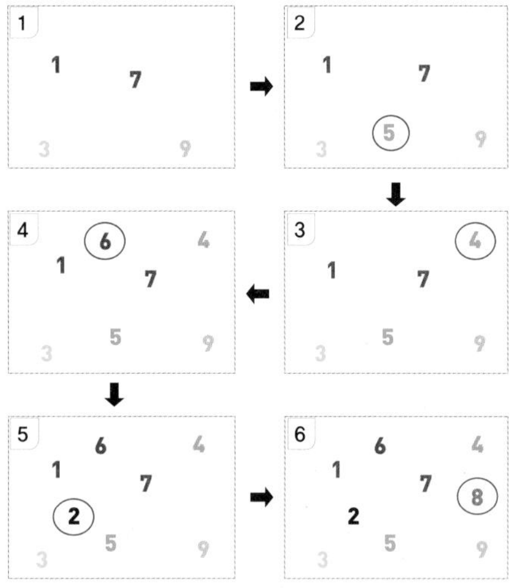

4차시

춥다 – 덥다, 쓰다 – 달다, 좁다 – 넓다,
울다 – 웃다, 위 – 아래,크다 – 작다,
높다 – 낮다, 검다 – 희다, 앉다 – 서다

5차시

① – 소화기, ② – 반창고, ③ – 수저, 젓가락

6차시

7차시

문제 1 : 대전 출발 ~ 강릉 도착

문제 2 : 서울 출발 ~ 부산 도착

※ 다양한 방법을 찾아보세요

8차시

1	2	3	4	5
6	7	8	9	10
11	12	13	14	15
16	17	18	19	20

20	19	18	17	16
15	14	13	12	11
10	9	8	7	6
5	4	3	2	1

9차시

꽃 – 가방, 몸 – 미역,
나물 – 서울, 계절 – 책상

10차시

웃음 십계명

인지활동지 3단계 정답

1차시

① - ㉯ ② - ㉮ ③ - ㉱ ④ - ㉰

2차시

① - 50,000원 ② - 20,000원 ③ - 15,000원
④ - 4,000원 ⑤ - 30,000원 ⑥ - 5,000원
⑦ - 7,000원

3차시

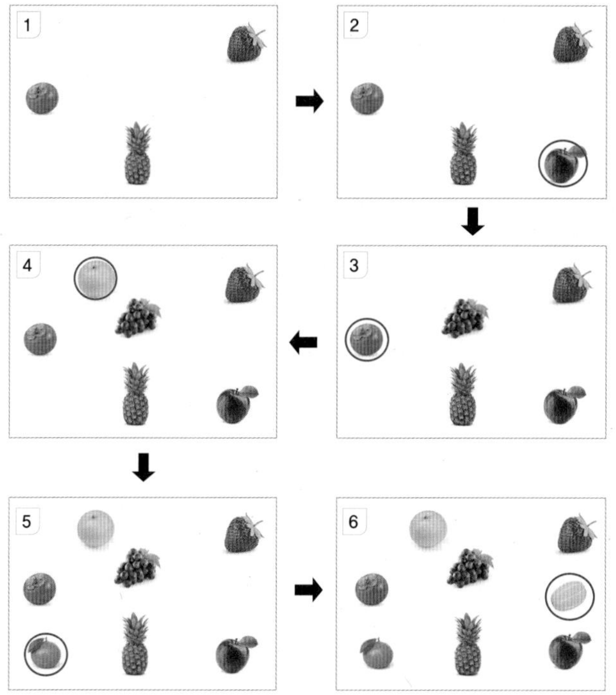

4차시

여름 햇살이 - 따갑다, 동해바다는 - 깊고 푸르다, 가을 하늘은 - 높고 파랗다, 함박눈이 - 소복소복 쌓인다, 장맛비가 - 주룩주룩 내린다, 화살은 - 쏜살같이 빠르다, 가을 단풍이 - 울긋불긋 예쁘다

5차시

① - ㉱, ② - ㉰, ③ - ㉯, ④ - ㉮

6차시

7차시

문제 1 : ②
문제 2 : ③

8차시

① 7시 ② 10시 10분
③ 12시 30분 ④ 8시 57분

9차시

문제 1 : 호미, 낫, 괭이, 삽, 트랙터, 경운기
문제 2 : 갈치, 오징어, 꽃게, 고등어, 꽁치

10차시

자신이 공감하거나 기억하고 싶은 부분에 밑줄을 긋는다.

인지활동지 4단계 정답

1차시

① – 다, ② – 라, ③ – 가, ④ – 나

2차시

2	4	6	8	10
3	6	9	12	15
5	10	15	20	25
10	20	30	40	50

3차시

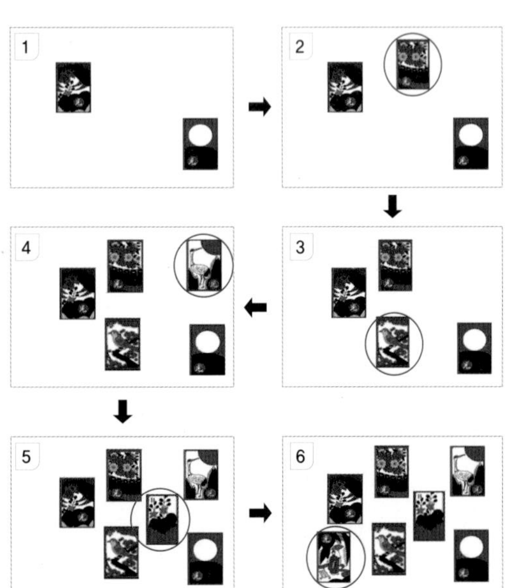

4차시

2.고양이 3.대한민국 4.설악산 5.경주, 광주, 공주 등 6. 양배추 7.바나나 8.무궁화

5차시

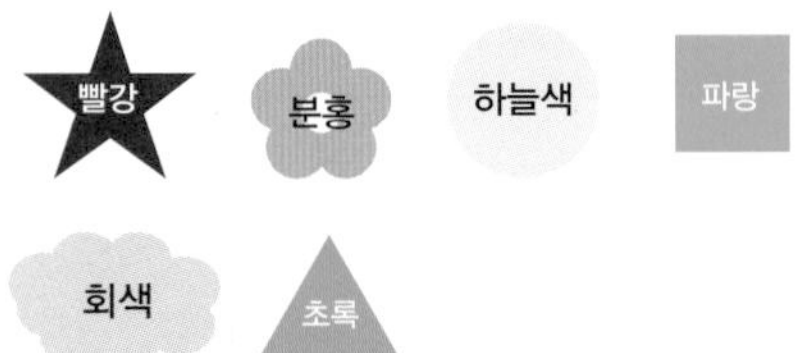

6차시

7차시

문제 1 정답 : 나

문제 2 정답 : 다

8차시

문제1 정답 : 25 – 48 – 53 – 71 – 96

문제2 정답 : 86 – 55 – 51 – 47 – 13

9차시

문제1 : 추석, 정월대보름, 한가위, 단오, 설날, 한식

문제2 : 쥐불놀이, 널뛰기, 줄다리기, 제기차기, 팽이치기, 그네타기, 윷놀이

10차시

행복 십계명–글을 읽고 공감하거나 기억하고 싶은 부분에 밑줄을 그으세요.

1차시

① ① – ㉰ ② – ㉱ ③ – ㉮ ④ – ㉯

2차시

문제 1 : 65점

문제 2 : 60점

3차시

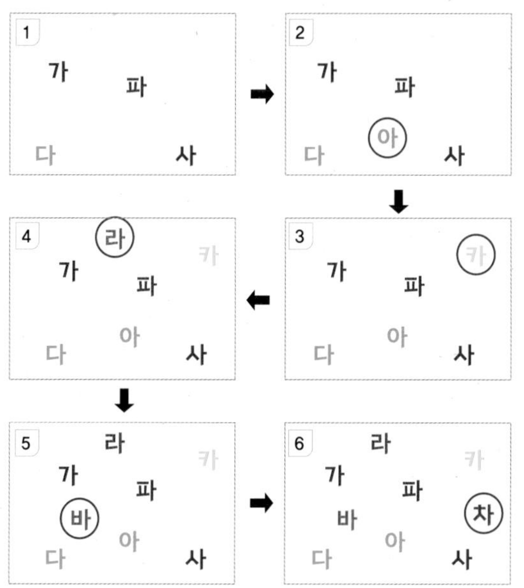

4차시

문제 1 : ② – 오이 ③ – 아이

⑤ – 장사 ⑥ – 점수

문제 2 : ② – 보따리 ③ – 개구리

⑤ – 된장 ⑥ – 간장

※ 다양한 정답이 나올 수 있다.

5차시

문제 1 : ① 문제 2 : ②

6차시

① –

② –

③ –

④ –

⑤ –

7차시

문제 1 : 냄비, 밥솥

문제 2 : 돈, 저금통

8차시

	사고 싶은 과일	내야 할 돈
문제 1	사과 1개 (1,000)원	5,000원
	포도 1송이 (2,000)원	
	키위 2개 (2,000)원	

	사고 싶은 과일	내야 할 돈
문제 2	귤 3개 (1,500)원	9,500원
	바나나 1송이 (3,000)원	
	파인애플 2개 (5,000)원	

9차시

문제 1 : ① 빨간색

문제 2 : ③ 파란색

10차시

자신이 공감하거나 기억하고 싶은 부분에 밑줄을 긋는다.

인지활동지 6단계 정답

1차시

① –다, ②–라, ③–가, ④–나

2차시

	사야 할 물건의 값	내야 할 돈
문제 1	당근 1개 1,000원	5,000원
	애호박 2개 2,000원	
	계란 10개 2,000원	

	사야 할 물건의 값	내야 할 돈
문제 2	시금치 1단 2,000원	6,900원
	양파 3개 900원	
	두부 2모 4,000원	

3차시

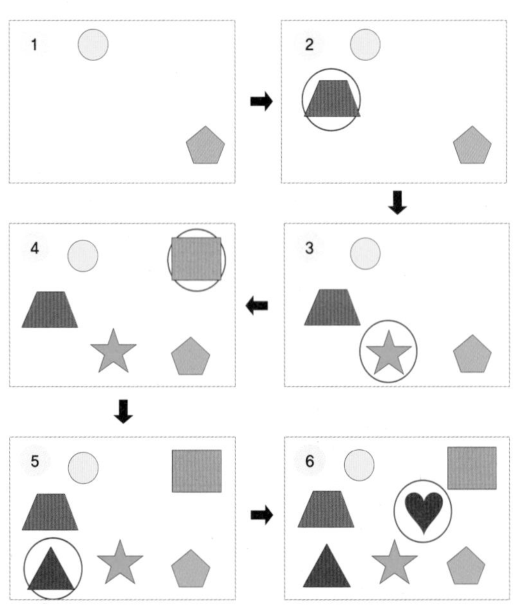

4차시

우	산	꽃	이						
리			사	랑	방				
나					송		대		변
라	디	오			국	간	장		호
		이	장				간	호	사
강	아	지						랑	
원						고	양	이	
도	로	표	지	판		속			
			팡			도	라	지	
			이			로			

5차시

6차시

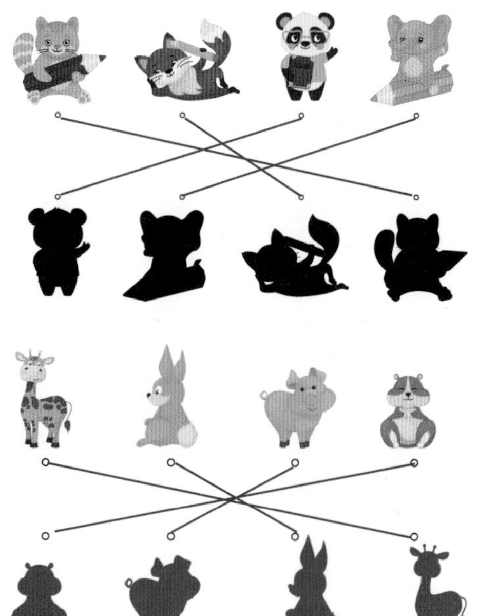

7차시

문제1 정답 : ① 문제2 정답 : ③
문제3 정답 : ② 문제4 정답 : ③

8차시

내 지갑 속 돈	문제 1		문제 2	
	1장	10,000원	2장	20,000원
	2장	10,000원	3장	15,000원
	5장	5,000원	1장	1,000원
	1개	500원	4개	2,000원
	2개	200원	3개	300원
	3개	30원	2개	20원
총액	25,730원		1장	38,320원

9차시

<문제 1>

8		4		2		4	
ㅇ	ㅜ	ㄹ	ㅣ	ㄴ	ㅏ	ㄹ	ㅏ

암호의 정답은?	우	리	나	라

<문제 2>

11		7		5		7	
ㅋ	ㅗ	ㅅ	ㅡ	ㅁ	ㅗ	ㅅ	ㅡ

암호의 정답은?	코	스	모	스

10차시

인간관계 십계명-글을 읽고 공감하거나 기억하고 싶은 부분에 밑줄을 그으세요.

1차시

① – ㉣ ② – ㉢ ③ – ㉮ ④ – ㉯

2차시 (예)여러가지 정답이 있을 수 있습니다

	1장	50,000원
	3장	30,000원
	1장	5,000원
	4장	4,000원
		89,000원

3차시

아들 – 겨울, 손자 – 봄,
딸 – 가을, 손녀 – 여름

4차시

고추, 깻잎, 상추, 양배추, 배추,
쑥갓, 양파, 냉이, 쪽파, 당근 등

5차시

문제 1 : ① 문제 2 : ③ 문제 3 : ③

6차시

7차시

2	3	**1**
3	1	2
1	**2**	3

다	가	나
나	다	**가**
가	**나**	다

가	나	다
나	**다**	가
다	가	**나**

8차시

보기	문제 1		문제 2	
	1장	50,000원	2장	100,000원
	2장	20,000원	3장	30,000원
	5장	25,000원	1장	5,000원
	1장	1,000원	3장	3,000원
	7개	3,500원	3개	1,500원
	3개	300원	2개	200원
총액		99,800원		139,700원

9차시

④

10차시

일주일 동안 있었던 일을 자유롭게 쓴다.

뇌 튼튼

인지활동지

ISBN 979-11-5622-725-0 13690